Guía completa de calistenia

Descubre los mejores entrenamientos de cuerpo libre. La guía ilustrada para aumentar la fuerza, la hipertrofia y la masa muscular

Robert J. Phelps

Resumen

¿Qué significa "calistenia"?

El término calistenia procede del griego antiguo y se compone de dos palabras: "kalos" significa "bello" y "sthenos" significa "fuerza". Por lo tanto, traducido literalmente, calistenia significa "hermosos ejercicios para desarrollar la fuerza".

La calistenia es una forma de entrenamiento físico que utiliza principalmente el propio peso corporal para realizar una amplia gama de ejercicios. Es una disciplina que se centra en la fuerza, la resistencia, la flexibilidad, el equilibrio y la coordinación sin el uso de equipos o pesas adicionales. Los ejercicios calisténicos incluyen movimientos como flexiones, dominadas, estocadas, planchas, sentadillas y muchos otros.

Lo que hace única a la calistenia es su versatilidad y adaptabilidad a distintos niveles de forma física. Los principiantes pueden empezar con ejercicios básicos como flexiones de rodillas o estocadas asistidas, mientras que los deportistas más experimentados pueden efectuar ejercicios acrobáticos complejos como banderas humanas o planchas.

La calistenia se basa en una progresión gradual: desde movimientos más sencillos se avanza hacia movimientos más complejos a medida que se gana fuerza y control corporal. Este enfoque progresivo previene las lesiones y construye una base sólida de fuerza y resistencia.

Uno de los aspectos más interesantes de la calistenia es que puede practicarse en cualquier lugar, sin necesidad de equipos caros ni de un gimnasio. Se puede entrenar al aire libre, en casa o en un parque, utilizando los elementos del entorno como barras, bancos o paredes para realizar los ejercicios. Esta libertad y flexibilidad hacen que la calistenia sea muy accesible a cualquiera que desee entrenar.

La calistenia ofrece numerosos beneficios para la salud. En primer lugar, desarrolla la fuerza y el tono muscular de todo el cuerpo. Los ejercicios calisténicos utilizan varios grupos musculares simultáneamente, potenciando la fuerza funcional y la coordinación. Asimismo, la calistenia favorece la resistencia cardiorrespiratoria, ya que muchos ejercicios se realizan en circuitos de alta intensidad. Este tipo de entrenamiento puede mejorar la eficacia del sistema cardiovascular y aumentar la capacidad pulmonar.

Además de la fuerza y la resistencia, la calistenia también mejora la flexibilidad y el equilibrio. Muchos ejercicios requieren una amplia gama de movimientos articulares y un buen control del cuerpo en el espacio. La práctica regular de la calistenia puede ayudar a aumentar la flexibilidad muscular y mejorar el equilibrio y la estabilidad.

Otra característica única de la calistenia es la conexión mente-cuerpo que se desarrolla a través del ejercicio. Los ejercicios de calistenia requieren que uno sea consciente de su estado y se centre en la ejecución correcta de los movimientos. Esta conciencia corporal también puede trasladarse a otras actividades cotidianas y mejora la postura, la coordinación y la conciencia corporal.

El término "calisténico" se refiere a una persona que practica la calistenia. Un calisténico se esfuerza por desarrollar la fuerza física y realizar movimientos avanzados utilizando el entrenamiento con el peso corporal. Se fomenta una buena conexión mente-cuerpo y una mayor conciencia del propio cuerpo y sus capacidades.

En los últimos años, la calistenia ha ganado popularidad en todo el mundo. Las competiciones de calistenia se han convertido en eventos cada vez más habituales en los que los deportistas se retan en competiciones de fuerza, control y creatividad. Además, las comunidades de calistenia en línea ofrecen apoyo e inspiración a quienes desean emprender este camino de entrenamiento.

En resumen, la calistenia es una forma de entrenamiento físico que utiliza el peso corporal para desarrollar la fuerza, la resistencia, la flexibilidad, el equilibrio y la coordinación. Es una disciplina muy versátil que se adapta a personas de todos los niveles de forma física, puede realizarse en cualquier lugar y ofrece numerosos beneficios para la salud. El término "calisténico" se refiere a una persona que practica la calistenia y busca mejorar su fuerza y sus capacidades físicas mediante el entrenamiento con el peso corporal.

Preguntas frecuentes y mitos que hay que desmentir sobre la calistenia

Preguntas frecuentes sobre Calistenia:

¿La calistenia es adecuada para todos?
La calistenia puede ser practicada por personas de diferentes edades y niveles de forma física. Puede adaptarse a las capacidades individuales e intensificarse gradualmente con el tiempo.

¿Puedo ganar masa muscular sólo haciendo calistenia?
Absolutamente. La calistenia utiliza el propio peso corporal para desarrollar resistencia, fuerza y masa muscular. Ejercicios como las dominadas, las flexiones, las sentadillas y las pistol squats pueden ayudar a aumentar la musculatura y mejorar la composición corporal.

¿Necesito instalaciones especiales o equipos caros para practicar la calistenia?
La calistenia se basa en el uso del propio peso corporal, por lo que no requiere equipos caros ni instalaciones especiales. Se puede entrenar en gimnasios, parques o incluso en casa con mancuernas, barras paralelas y bandas elásticas. Sin embargo, es importante realizar los ejercicios correctamente para que sean seguros y eficaces.

¿Puede la calistenia ayudarme a perder peso?
Sí, la calistenia puede ayudarte a perder peso combinando ejercicios de resistencia con ejercicios cardiovasculares de alta intensidad. El entrenamiento calisténico quema calorías, estimula el metabolismo y favorece la pérdida de grasa corporal.

Falsos mitos sobre la técnica calisténica:

La calistenia no desarrolla los músculos como el entrenamiento con mancuernas. Se trata de un mito muy extendido. La calistenia puede ser tan eficaz para la hipertrofia muscular y el desarrollo de la fuerza como el entrenamiento con pesas. Las secuencias y variaciones de los ejercicios de Calistenia pueden adaptarse para estimular los músculos adecuadamente.

La calistenia sólo es idónea para deportistas experimentados.

Aunque algunos ejercicios de calistenia pueden parecer avanzados, la calistenia puede practicarse en cualquier nivel de forma física. Con la progresión adecuada y aprendiendo las técnicas de ejecución correctas, incluso los principiantes pueden practicar la calistenia con seguridad y eficacia.

La calistenia no ofrece variedad de entrenamiento.

La calistenia proporciona una amplia gama de ejercicios y progresiones que pueden adaptarse a las necesidades y objetivos individuales. Se pueden realizar ejercicios de fuerza, flexibilidad, equilibrio y control corporal que aportan una gran variedad de estímulos y progresiones a lo largo del tiempo.

La calistenia no requiere tiempo.

Aunque la calistenia puede practicarse en cualquier lugar y no necesita un equipamiento costoso, se requiere compromiso y tiempo para lograr resultados significativos. Se necesita tiempo y constancia en el entrenamiento para mejorar la fuerza, el equilibrio y la flexibilidad.

La calistenia es, por tanto, un deporte apto para personas de distintas capacidades, favorece el desarrollo muscular, puede practicarse en cualquier lugar sin necesidad de equipos costosos y ofrece una gran variedad de ejercicios. Es importante disipar los mitos comunes que pueden disuadir a la gente de practicar la calistenia. Con compromiso y la progresión adecuada, se pueden conseguir resultados notables.

Calistenia: dónde y cómo empezar

Si quieres empezar a practicar Calistenia, primero debes comprender algunos conceptos básicos y seguir un enfoque paso a paso para conseguir resultados seguros y eficaces. Aquí tienes una guía detallada sobre cómo empezar a practicar Calistenia.

Establece objetivos: Antes de empezar, define claramente tus objetivos. Puede que quieras aumentar tu fuerza general, mejorar la resistencia, aumentar la flexibilidad o alcanzar objetivos específicos como completar una dominada en la barra. Unos objetivos claros te ayudarán a estructurar tu programa de entrenamiento y a controlar tus progresos a lo largo del tiempo.

Evaluación de la forma física: antes de empezar con la calistenia, es importante evaluar tu forma física actual. Asegúrate de que gozas de buena salud y de que no tienes lesiones o enfermedades que puedan requerir una atención especial. En caso de duda, consulta a tu médico antes de iniciar un nuevo programa de ejercicios.

Empieza por lo básico: Aunque la calistenia ofrece una amplia gama de movimientos complejos, es importante empezar por lo básico. Los movimientos básicos incluyen flexiones, estocadas, planchas, abdominales, dominadas y sentadillas. Tómate tu tiempo para dominar correctamente estos movimientos antes de pasar a los más avanzados.

Aprender la técnica correcta: la técnica es crucial en la calistenia. Practica los movimientos de forma correcta para evitar lesiones y maximizar los resultados. Para aprender las técnicas adecuadas desde el principio, puedes utilizar tutoriales de vídeo en Internet o trabajar con un entrenador de calistenia experimentado.

Aumento gradual: una de las claves del éxito de la calistenia es el aumento gradual. No intentes realizar movimientos avanzados desde el principio, sino sigue una secuencia de ejercicios que te permita aumentar gradualmente la fuerza y la resistencia. Por ejemplo, empieza con flexiones de rodillas o flexiones asistidas y luego pasa a las flexiones tradicionales. Así evitarás la sobrecarga y construirás una base sólida.

Programa de entrenamiento: establece un programa de entrenamiento regular que incluya ejercicios para todo el cuerpo. Puedes dividir el entrenamiento en días, cada uno dedicado a grupos musculares específicos, o hacer un entrenamiento para todo el cuerpo dos o tres veces por semana. Asegúrate de incluir ejercicios para la parte superior e inferior del cuerpo, el tronco y la flexibilidad.

Descanso y recuperación: el descanso es importante para que el cuerpo se recupere y se adapte al entrenamiento. Asegúrate de incluir días de descanso en tu programa y tómate tiempo para recuperar. Dormir bien por la noche y una nutrición e hidratación adecuadas también son importantes para una recuperación óptima.

Controla tu progreso: realiza un seguimiento de tus progresos a lo largo del tiempo. Puedes registrar el número de repeticiones o series que realizas, el tiempo que tardas en completar un ejercicio o utilizar otros parámetros para medir tu progreso. Controlar tus progresos te motiva y te permite adaptar tu entrenamiento a tus resultados.

Amplía tus conocimientos: Aprende más y amplía tus conocimientos sobre calistenia. Explora nuevos movimientos, estudia la anatomía y la correcta ejecución de los ejercicios, sigue a atletas y entrenadores de calistenia con talento en plataformas online y participa en comunidades de entusiastas de la calistenia para compartir experiencias e inspirarte.

Diviértete: la calistenia puede ser una forma divertida y gratificante de entrenar. Experimenta, prueba nuevos movimientos, ponte retos y diviértete. La clave para un compromiso duradero es encontrar la alegría en el entrenamiento y sentirte motivado para alcanzar tus objetivos.

Algunos de estos conceptos básicos se explicarán más adelante.
Recuerda que la calistenia requiere paciencia y constancia. No esperes obtener resultados extraordinarios en pocos días, pero seas disciplinado y constante en tu planteamiento. Con el tiempo y la práctica, notarás mejoras significativas en la fuerza, la resistencia y el rendimiento físico general.

Prevención de lesiones en calistenia e importancia de una técnica correcta

La prevención de lesiones es de vital importancia en la calistenia para garantizar un entrenamiento seguro y eficaz. Una de las claves de la prevención de lesiones es la técnica correcta del ejercicio. Cuando los movimientos se realizan correctamente, se reduce la tensión excesiva sobre las articulaciones y el trabajo es más eficaz y equilibrado.

La importancia de una técnica correcta en calistenia es obvia, ya que maximiza los beneficios del entrenamiento y minimiza el riesgo de lesiones. A continuación se indican algunos puntos importantes a tener en cuenta para evitar lesiones durante el entrenamiento de calistenia:

Aprender la técnica correcta: antes de empezar ejercicios más avanzados, es necesario dominar las técnicas básicas. Éstas incluyen la postura correcta, la alineación del cuerpo, el uso de los músculos adecuados y la respiración correcta. Si es necesario, pide ayuda a un entrenador o mira tutoriales fiables para adquirir las técnicas correctas.

Aumento gradual: no intentes hacer ejercicios avanzados desde el principio. Empieza con movimientos sencillos y pasa gradualmente a ejercicios más complejos e intensos. Los aumentos graduales permiten que el cuerpo se adapte poco a poco y reducen el riesgo de sobreesfuerzos o lesiones.

Calienta adecuadamente: dedica tiempo a calentar antes de iniciar la actividad física. Esto incluye actividades como trote ligero, saltos en el sitio, rotaciones articulares y movimientos dinámicos de estiramiento. El calentamiento aumenta la temperatura corporal, mejora la circulación sanguínea y prepara los músculos, tendones y articulaciones para el ejercicio.

Escucha a tu cuerpo: presta atención a las señales de tu cuerpo cuando hagas ejercicio. Si sientes dolor o sensaciones extrañas durante un ejercicio, detente inmediatamente y evalúa la situación. No sobrecargues tu cuerpo y respeta el tiempo de recuperación que tu cuerpo necesita para regenerarse.

Equilibrio entre fuerza y flexibilidad: en calistenia, es importante desarrollar tanto la fuerza como la flexibilidad. Un músculo fuerte pero inflexible puede ser propenso a distensiones y lesiones. Asegúrate de incorporar ejercicios de estiramiento a tu rutina y trabaja el equilibrio entre fuerza y flexibilidad.

Utiliza el equipo adecuado: cuando realices ejercicios de calistenia, asegúrate de utilizar un equipo adecuado y seguro. Asegúrate de que las barras, soportes o bandas de resistencia sean resistentes y estén en buen estado. Utiliza cojines o colchonetas para amortiguar caídas o impactos.

Recuperación y descanso: no subestimes la importancia de la recuperación y el descanso en el proceso de prevención de lesiones. Permítete tiempo para descansar y recuperarte después de un entrenamiento intenso. Un sueño de calidad, una dieta sana y técnicas de recuperación como el masaje o la relajación muscular pueden ayudar a reducir el riesgo de lesiones.

Recuerda siempre que la seguridad es lo primero a la hora de hacer ejercicio. No dudes en consultar a un experto en fitness o a un médico si tienes dudas o problemas de salud. La calistenia ofrece muchos beneficios, pero para obtener los mejores resultados es importante realizar un ejercicio consciente, responsable y seguro.

La adaptabilidad de la calistenia a diferentes grupos de edad y niveles de forma física.

La adaptabilidad de la calistenia a diferentes grupos de edad y niveles de forma física es una de las grandes ventajas de esta forma de entrenamiento. La calistenia puede ser practicada por personas de todas las edades y niveles de forma física y ofrece una amplia gama de beneficios tanto a principiantes como a deportistas experimentados.

Principiantes: la calistenia es especialmente adecuada para principiantes, ya que proporciona una base sólida para desarrollar la fuerza, la flexibilidad y el control corporal. Los ejercicios básicos, como flexiones, estocadas y sentadillas, pueden adaptarse fácilmente a las capacidades físicas individuales. Es posible empezar con variaciones simplificadas de los ejercicios, reducir la intensidad o utilizar herramientas auxiliares como bandas elásticas o barras paralelas para facilitar su ejecución.

Avanzado: a medida que ganes fuerza y control corporal, puedes pasar a ejercicios de calistenia más complejos. Pull-ups, muscle-ups, banderas humanas y handstand push-ups son sólo algunos de los ejercicios que pueden suponer un reto para los deportistas de alto nivel. Es importante seguir trabajando la técnica correcta y aumentar la fuerza para mejorar el rendimiento.

Avanzado: Los atletas experimentados pueden superar sus límites en calistenia experimentando con movimientos avanzados como las elevaciones frontales, las planchas, las elevaciones de espalda y las flexiones con una mano. Estos ejercicios requieren un alto nivel de fuerza, flexibilidad y control corporal y pueden ser un reto apasionante incluso para los deportistas más experimentados. Es importante proceder gradualmente y trabajar de forma sistemática para evitar lesiones.

Mayores: la calistenia también puede adaptarse a las necesidades de las personas mayores. Ejercicios de cuerpo libre como caminar, estocadas, sentadillas y ejercicios de equilibrio pueden mejorar la fuerza muscular, la resistencia, la movilidad y el equilibrio de las personas mayores. Es crucial trabajar con un profesional del fitness que tenga experiencia en adaptar el ejercicio a las personas mayores, teniendo en cuenta las limitaciones físicas y el estado general de salud.

Independientemente de la edad y el nivel de forma física, la calistenia ofrece una serie de beneficios para el cuerpo y la mente. Los principales beneficios son el aumento de la fuerza y la resistencia muscular, la mejora de la flexibilidad, la corrección de la postura, el aumento del metabolismo y la prevención cardiovascular. Además, la calistenia trabaja varios grupos musculares simultáneamente, estimulando el cuerpo de forma funcional y completa.

En resumen, la calistenia es adecuada para diferentes edades y niveles de forma física y ofrece una variedad de ejercicios y progresiones que pueden adaptarse a las necesidades individuales. Tanto si eres principiante, intermedio o senior, la calistenia es una opción versátil y eficaz para mejorar la fuerza, la flexibilidad y la forma física en general.

Ejercicios de calistenia para principiantes

Antes de iniciar cualquier entrenamiento, es esencial calentar el cuerpo adecuadamente para prepararlo para el esfuerzo físico sin arriesgarse a situaciones físicamente desagradables.
Veamos juntos la importancia del calentamiento y el enfriamiento en la calistenia.

La importancia de estos dos factores es crucial para preparar el cuerpo para el entrenamiento y para una recuperación adecuada después del mismo. Ambos elementos son importantes para garantizar un rendimiento óptimo, prevenir lesiones y promover una buena salud general.

El calentamiento es una fase preliminar del entrenamiento en la que se aumenta gradualmente la temperatura corporal y se activan los músculos, los tendones y las articulaciones. Esta fase es importante porque prepara adecuadamente al cuerpo para la actividad física que vendrá a continuación. Hay aquí algunas razones por las que el calentamiento es crucial en la calistenia:

Aumento de la temperatura corporal: el calentamiento aumenta la temperatura corporal, lo que a su vez favorece una mejor circulación sanguínea. Esto calienta los músculos y los prepara mejor para las actividades físicas.

Mayor flexibilidad: durante el calentamiento, los músculos, tendones y articulaciones se vuelven más elásticos y flexibles. Esto permite realizar ejercicios con una amplitud de movimiento completa y reduce el riesgo de lesiones debidas a una movilidad limitada de las articulaciones.

Activación del sistema cardiovascular: durante la fase de calentamiento, el corazón comienza a bombear sangre más rápidamente para suministrar oxígeno y nutrientes a los músculos. Esto prepara el sistema cardiovascular para la intensa actividad física que seguirá durante la calistenia.

Activación del sistema nervioso: el calentamiento también estimula el sistema nervioso y mejora la conexión entre el cerebro y los músculos. Esto mejora la coordinación y el control de los movimientos durante el ejercicio.

El enfriamiento es la fase final del entrenamiento en la que se vuelve gradualmente a un estado de reposo. Esta fase es tan importante como el calentamiento y sirve para relajar los músculos, reducir la acumulación de ácido láctico y garantizar una recuperación adecuada después del entrenamiento. Por eso el enfriamiento es tan importante en la calistenia:

Reducción del ácido láctico: durante el ejercicio intenso, el ácido láctico se acumula en los músculos y puede causar fatiga y rigidez muscular. El enfriamiento ayuda a reducir la acumulación de ácido láctico y acelera la recuperación muscular.

Restablecimiento del ritmo cardíaco y respiratorio: durante la fatiga, el corazón y los pulmones vuelven progresivamente a su ritmo de reposo. Esto permite al organismo recuperarse y volver al equilibrio cardiorrespiratorio.

Prevención de mareos o desmayos: La desfibrilación ayuda a prevenir cambios bruscos en la presión arterial y reduce el riesgo de mareos o desmayos que pueden producirse tras un ejercicio extenuante.

Facilita la recuperación muscular: la desfatiga facilita el flujo sanguíneo a los músculos y les proporciona los nutrientes que necesitan para repararse y crecer. Esto favorece una recuperación más rápida y una adaptación positiva a los estímulos del entrenamiento.

En resumen, el calentamiento y el enfriamiento son aspectos cruciales de la calistenia. Ambos desempeñan un papel clave en la preparación del cuerpo para el entrenamiento, la mejora del rendimiento y la prevención de lesiones. Dedicar el tiempo adecuado a estas fases antes y después del entrenamiento puede marcar la diferencia a la hora de maximizar los beneficios de la calistenia y garantizar un entrenamiento seguro y eficaz.

Ahora que ya sabemos cómo hacerlo, veamos algunos ejercicios para principiantes.

Los principiantes en calistenia tienen la oportunidad de aprender una amplia gama de ejercicios accesibles y adecuados a tu nivel de forma física. Empezar con ejercicios que correspondan a los propios límites y capacidades es crucial para construir una base sólida y desarrollar gradualmente la fuerza y el control corporal. A continuación encontrarás una lista de ejercicios para principiantes en calistenia:

Flexiones con apoyo en las rodillas: las flexiones son un ejercicio básico en gimnasia. Para los principiantes, puedes reducir la intensidad y facilitar su ejecución si te apoyas en las rodillas en lugar de en las puntas de los pies. Asegúrate de mantener el cuerpo recto y baja lentamente y de forma controlada.

Descubre aquí cómo realizar flexiones de rodillas correctamente:

Colócate a cuatro patas en el suelo con las rodillas y las manos apoyadas en el suelo. Asegúrate de que las manos sean ligeramente más anchas que los hombros y que las rodillas estén alineadas con las caderas.
Aleja ligeramente los pies del cuerpo para que el peso se distribuya uniformemente entre las rodillas y las manos. Esta es la posición inicial.
Manteniendo el cuerpo recto, flexiona los codos y baja lentamente el pecho hacia el suelo. Intenta mantener el control del movimiento, evitando bajar el pecho o levantar los glúteos.
Continúa descendiendo hasta que el pecho esté justo por encima del suelo o hasta que llegues al punto en el que todavía te sientas cómodo. Asegúrate de mantener una buena postura, con los músculos abdominales ligeramente tensos y el cuello alineado con la columna vertebral.

Cuando llegues al punto más bajo, empuja con las manos y vuelve a la posición inicial, extendiendo completamente los brazos.
Repite el movimiento el número de repeticiones que desees.
Al realizar flexiones de rodilla, es importante centrarse en la técnica correcta y mantener un control total del movimiento. Asegúrate de respirar con regularidad durante el ejercicio, inhalando al bajar y exhalando al subir.
A medida que ganes fuerza y confianza, puedes empezar gradualmente a realizar flexiones tradicionales sobre las puntas de los pies y llegar hasta la forma perfecta. Con un entrenamiento regular y progresivo, puedes mejorar la fuerza y la resistencia de los músculos implicados en las flexiones.

Estocadas asistidas: las estocadas son ideales para entrenar los músculos de las piernas y los glúteos. Para facilitar su ejecución, puedes utilizar un soporte, como una silla o un banco, para mantener el equilibrio durante la estocada. A medida que ganes fuerza, puedes prescindir gradualmente del apoyo y pasar a las estocadas tradicionales.

Descubre aquí cómo realizar correctamente las estocadas asistidas:

Coloca los pies separados a la altura de los hombros, mantén una postura erguida y mira al frente.
Busca un soporte estable, como una silla o un banco. Colócalo frente a ti y apoya el pie derecho en la base, el izquierdo permanece en el suelo, el talón levantado.

Cambia el peso al pie izquierdo, dobla la rodilla derecha y baja el cuerpo hacia el suelo. Intenta mantener el torso recto y la rodilla izquierda alineada con el tobillo.

Desciende hasta que la rodilla derecha forme un ángulo de 90 grados. Asegúrate de mantener el control del movimiento y no inclines la parte superior del cuerpo hacia delante.

Detente un momento en la posición más baja, luego empuja hacia atrás con el pie derecho y vuelve a la posición inicial, extendiendo completamente la pierna.

Repite el movimiento durante el número de repeticiones deseado y, a continuación, cambia a la otra pierna.

Intenta mantener un ritmo regular y una buena postura mientras realizas las estocadas con apoyo. Concéntrate en activar los músculos de las piernas y mantener el equilibrio durante todo el movimiento.

Al aumentar la fuerza y la flexibilidad, es posible reducir gradualmente el apoyo o realizar las estocadas tradicionales sin apoyo. El objetivo es mejorar gradualmente la fuerza y la estabilidad de las piernas para poder efectuar estocadas sin ayuda.

Recuerda escuchar siempre a tu cuerpo y prestar atención a cualquier tensión o dolor durante el entrenamiento.

Si tienes problemas de estabilidad u otras limitaciones físicas, consulta individualmente a un profesional del fitness o a un fisioterapeuta.

Plancha: La plancha es un ejercicio eficaz para fortalecer el centro del cuerpo y mejorar el equilibrio. Primero túmbate boca abajo en el suelo, luego levanta el cuerpo mientras doblas los brazos en un ángulo de 90 grados y mantienes las piernas extendidas. Mantén esta posición el mayor tiempo posible y asegúrate de formar una línea recta de la cabeza a los pies.

Descubre aquí cómo realizar correctamente la plancha:

Túmbate boca abajo en el suelo. Coloca los antebrazos en el suelo de modo que queden paralelos entre sí, con los codos directamente debajo de los hombros. Los brazos deben formar un ángulo de 90 grados.

Levanta el cuerpo apoyándote en los antebrazos y las puntas de los pies. Asegúrate de que tu cuerpo forma una línea recta de la cabeza a los pies y evita dejar caer las caderas o levantar demasiado la pelvis.

Contrae los músculos abdominales y glúteos para mantener una posición estable. Intenta mantener activos los músculos del tronco y respira con regularidad durante el ejercicio.

Mantén la posición durante el tiempo que desees. Si eres principiante, puedes empezar con 20-30 segundos y luego aumentar gradualmente la duración si tienes más fuerza y resistencia.

Cuando estés listo para terminar el ejercicio, baja lentamente el cuerpo hasta el suelo y vuelve a la posición inicial.

Al realizar la plancha, es importante mantener una buena postura y controlar la respiración. Evita subir o bajar las caderas o doblar la espalda. El objetivo es mantener una línea recta y estable durante el ejercicio.

A medida que aumentes la fuerza del tronco, puedes subir la intensidad del ejercicio realizando variaciones como la plancha lateral, levantando una pierna o un brazo, o colocando los pies sobre una pelota para dificultar la estabilidad.

El plank puede realizarse como parte de una rutina de entrenamiento más larga o como ejercicio de calentamiento antes de otros ejercicios. Es una forma estupenda de fortalecer el tronco y mejorar la postura y la estabilidad de todo el cuerpo.

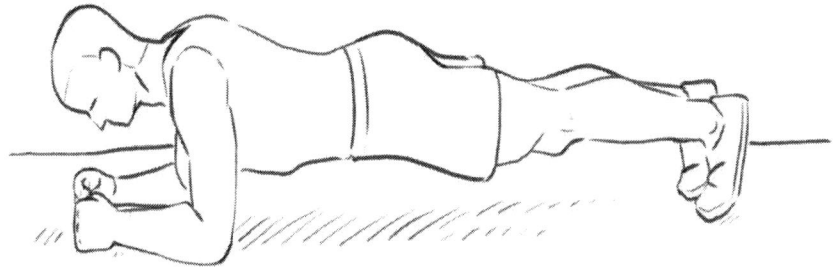

Dominadas con apoyo: las dominadas en barra son un ejercicio excelente para desarrollar la fuerza de la parte superior del cuerpo, especialmente los músculos de los hombros y los brazos. Para los principiantes, las dominadas con apoyo son una buena opción para empezar. Puedes utilizar una goma elástica o un reposapiés para facilitar el levantamiento durante el ejercicio. Si ganas fuerza, puedes reducir el apoyo y pasar a las dominadas sin apoyo.

Descubre aquí cómo realizar correctamente las dominadas con apoyo:

Busca una barra de dominadas y una ayuda como una goma elástica o un soporte para las piernas. Asegúrate de que la barra esté tan alta que puedas extender completamente los brazos cuando estés de pie.

Coloca las manos ligeramente separadas a la anchura de los hombros en la barra, con las palmas mirando hacia ti. Agárrate a la barra mientras te pones de puntillas o apoyas las rodillas en la plataforma de apoyo.

Comienza con los brazos completamente extendidos, mantén una postura erguida y mira hacia arriba, esta es tu posición inicial.

Mantén el control del movimiento, dobla los brazos y tira del cuerpo hacia arriba, hacia la barra. Concéntrate en activar los músculos de la espalda y los hombros durante el movimiento.

Sigue subiendo hasta que tu barbilla alcance la misma altura que el poste o hasta que llegues al último punto en el que aún te sientas cómodo. Asegúrate de mantener el control del movimiento y evita balancearte o levantar las piernas para apoyarte.

Detente un momento en la posición más alta y luego controla el movimiento extendiendo los brazos para volver a la posición inicial.

Repite el movimiento tantas veces como quieras.

Durante las dominadas asistidas, es importante mantener una buena postura y moverse de forma controlada. Asegúrate de respirar con regularidad durante el ejercicio, inspirando al tirar hacia arriba y espirando al extender los brazos.

A medida que ganes fuerza y confianza en ti mismo, puedes ir reduciendo gradualmente el dispositivo o la banda elástica de apoyo y trabajar para realizar dominadas tradicionales sin ayuda.

Recuerda adaptar el ejercicio a tus capacidades y limitaciones individuales. Con el tiempo y la práctica constante, podrás realizar dominadas completas y experimentar los beneficios de la Calistenia para la fuerza y el desarrollo muscular.

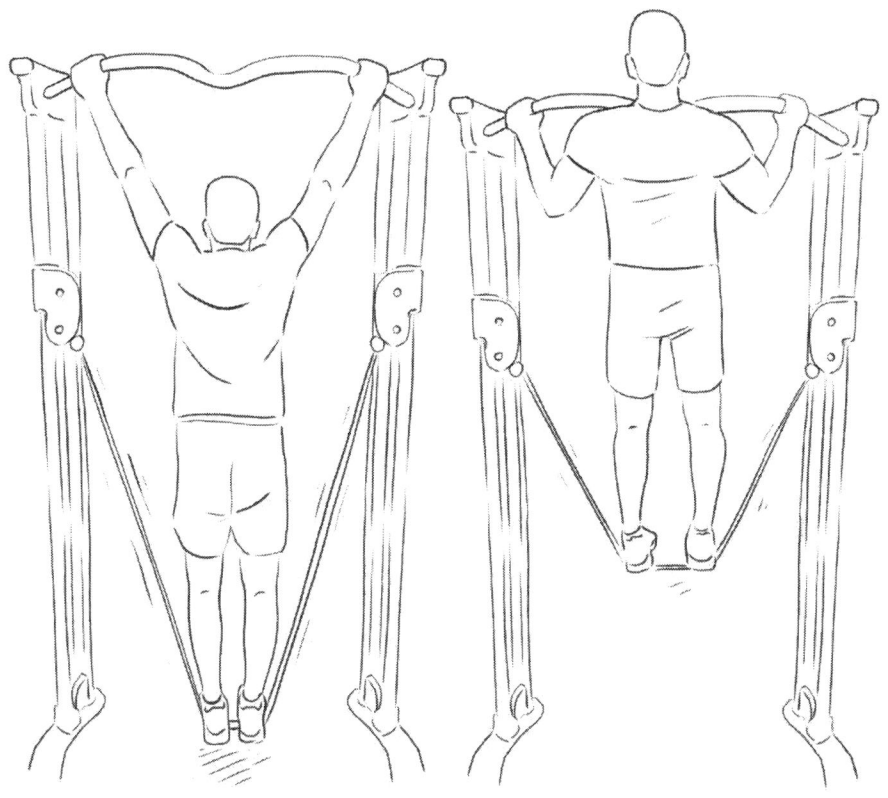

Sentadillas asistidas: las sentadillas son un movimiento fundamental para entrenar los músculos de las piernas y los glúteos. Para simplificar la ejecución, puedes realizar sentadillas asistidas sujetándote a una silla o a una barra para mantener el equilibrio. Asegúrate de mantener una buena forma y que las rodillas permanezcan alineadas con los dedos de los pies durante el movimiento.

Descubre cómo realizar sentadillas asistidas correctamente aquí:

Ponte de pie con los pies separados a la altura de los hombros. Coloca un soporte estable, como una silla o un banco, detrás de ti y apóyate en él con las manos para mantener el equilibrio.

Adopta una postura erguida, con el pecho levantado y la mirada hacia arriba.

Empieza bajando el cuerpo, doblando las rodillas y empujando las caderas hacia atrás como si estuvieras sentado en una silla. Intenta mantener el peso sobre los talones durante todo el movimiento.

Continúa descendiendo hasta que los muslos estén paralelos al suelo o hasta que llegues al punto en que te sientas cómodo. Asegúrate de mantener la espalda recta y no inclines la parte superior del cuerpo hacia delante.

Permanezca un momento en la posición más baja, luego empuja los talones hacia atrás y vuelve a la posición inicial, estirando completamente las piernas.

Repite el movimiento con el número de repeticiones deseado.

Al realizar sentadillas asistidas, es importante centrarse en la técnica correcta y moverse de forma controlada. Asegúrate de respirar con regularidad durante el ejercicio exhalando al bajar y subir.

Al aumentar tu fuerza y confianza en ti mismo, puedes reducir gradualmente el apoyo y trabajar para realizar sentadillas convencionales sin ayuda. También puedes aumentar la intensidad del ejercicio sujetando pesas o utilizando una silla o un banco más bajo.

Recuerda escuchar siempre a tu cuerpo y prestar atención a cualquier tensión o dolor durante el entrenamiento. Si tienes problemas de estabilidad u otras limitaciones físicas, consulta individualmente a un profesional del fitness o a un fisioterapeuta.

Con el tiempo y una práctica constante, las sentadillas asistidas te ayudarán a desarrollar fuerza y estabilidad en las piernas, mejorando así tu resistencia y tu capacidad para realizar movimientos más avanzados en calistenia.

Sentadillas: las sentadillas son un ejercicio clásico para fortalecer los músculos abdominales. Túmbate boca arriba, dobla las rodillas, apoya las plantas de los pies en el suelo y pon las manos detrás de la cabeza. Levanta la cabeza y los hombros del suelo, tensa los abdominales y baja lentamente. No tires de la cabeza con las manos para evitar tensiones en el cuello.

Descubre aquí cómo hacer abdominales correctamente:

En primer lugar, túmbate de espaldas sobre una esterilla o una superficie blanda. Dobla las rodillas de modo que los pies queden apoyados en el suelo y colócalos paralelos y separados a la anchura de los hombros. Los brazos pueden estar cruzados detrás de la cabeza, delante del pecho o apoyados en el costado, según las preferencias personales.

Contrae los músculos abdominales, lleva la barbilla al pecho y levanta ligeramente del suelo la cabeza, los hombros y la parte superior del cuerpo. Intenta concentrarte en el recto abdominal y evita tirar del cuello o utilizar el impulso.

Deténgate un momento en la posición más alta y concéntrate en activar los abdominales. Presta atención a una buena tensión del músculo recto abdominal y evita doblar la espalda o levantar las piernas durante el movimiento.

Baja la parte superior del cuerpo de forma controlada hasta la posición inicial, con la parte inferior de la espalda tocando ligeramente el suelo sin relajar completamente los músculos abdominales.

Repite el movimiento con el número de repeticiones deseado.

Al realizar abdominales, es importante adoptar una postura correcta y controlar el movimiento. Evita levantar el cuello o tirar de la cabeza con las manos, ya que esto puede endurecer el cuello y reducir la eficacia del ejercicio. En tu lugar, concéntrate en contraer los músculos abdominales y levantar la parte superior del cuerpo utilizando únicamente la fuerza abdominal.

Recuerda respirar con regularidad durante el ejercicio, exhalando cuando levantes la parte superior del cuerpo e inhalando cuando la bajes. Si quieres aumentar la intensidad del ejercicio, puedes probar variaciones como abdominales oblicuos o abdominales invertidos que implican más músculos abdominales.

Como con todos los ejercicios, debes escuchar a tu cuerpo y prestar atención a cualquier tensión o dolor. Si tienes problemas de espalda u hombros, consulta a un profesional del fitness o a un fisioterapeuta.

Las abdominales son un gran complemento a tu rutina de entrenamiento para fortalecer y definir los músculos abdominales. Con el tiempo y la práctica constante, serás capaz de realizar todo tipo de ejercicios con mayor facilidad y tu core se volverá fuerte y estable.

Superman: Superman es un ejercicio que fortalece la zona lumbar y los músculos de la espalda. Túmbate boca abajo y estira los brazos hacia delante. Al mismo tiempo, levanta los brazos, las piernas y el pecho del suelo y mantén esta posición durante unos segundos antes de volver a soltarla. Durante el ejercicio, concéntrate en la contracción correcta de los músculos de la espalda.

Descubre aquí cómo realizar correctamente el ejercicio Superman:

En primer lugar, túmbate boca abajo sobre una esterilla o una base blanda. Las piernas deben estar hacia atrás y los brazos estirados hacia delante, paralelos al suelo.

Contrae los músculos de la espalda y los glúteos y empieza a levantar los brazos, la cabeza y las piernas del suelo al mismo tiempo. Imagina que vuelas como Superman.

Mantén la posición elevada durante unos segundos, intentando preservar el cuerpo en línea recta. Concéntrate en activar los músculos de la espalda y los glúteos.

Vuelve de forma controlada a la posición inicial y baja los brazos, la cabeza y las piernas.

Repite de nuevo el movimiento.

Al hacerlo, evita estirar la espalda o levantar los hombros durante el movimiento. Concéntrate en la espalda y los glúteos para levantar el cuerpo sin estirar demasiado el cuello.

Recuerda respirar con regularidad durante el ejercicio, inspirando cuando levantes el cuerpo y espirando cuando vuelvas a la posición inicial.

Puedes adaptar el ejercicio Superman a tus necesidades y capacidades. Si eres principiante, puedes empezar con pocas repeticiones e ir aumentando gradualmente el número a medida que adquieras más fuerza y resistencia. También puedes probar variaciones como el Superman modificado, en el que levantas sólo las extremidades superiores o inferiores, de una en una.

El ejercicio Superman es un buen complemento de tu programa de entrenamiento para fortalecer la espalda y mejorar la postura. Ten en cuenta que, en caso de problemas de espalda u hombros, es aconsejable consultar a un profesional del fitness o a un fisioterapeuta antes de experimentar mucho dolor.

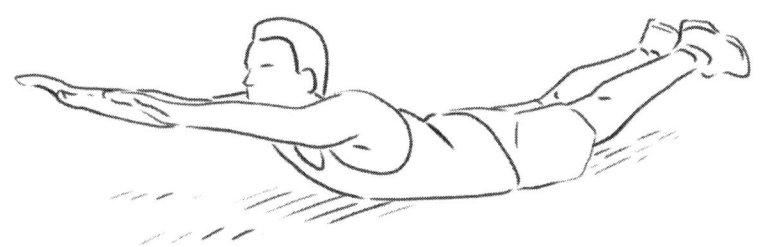

Alpinismo: Se trata de un ejercicio cardiovascular que implica a todo el cuerpo. Colócate en posición de plancha y, a continuación, tira alternativamente de la rodilla derecha y la izquierda hacia el pecho con un movimiento rápido. Mantén un ritmo uniforme durante el ejercicio e intenta activar los músculos del abdomen y las piernas.

Aquí descubrirás cómo ejecutar correctamente el alpinismo:

Empieza en posición de plancha alta, con las manos apoyadas en el suelo a la anchura de los hombros y los brazos completamente extendidos. Mantén el cuerpo en línea recta, con las piernas estiradas hacia atrás y los pies perpendiculares a la punta de los pies.
Contrae los abdominales y levanta una rodilla hacia el pecho, acercando el pie lo más posible a las manos. Mantén el resto del cuerpo estable y erguido durante el movimiento.
Estira la pierna levantada de forma controlada en posición de tabla, llevando al mismo tiempo la otra rodilla al pecho. Alterna los movimientos de las piernas de forma rápida y continua, como si estuvieras "escalando" una montaña.
Mantén un ritmo constante y controlado durante el ejercicio y presta atención a una buena postura y alineación del cuerpo.

Realiza el ejercicio durante un tiempo determinado o el número de repeticiones que desees.
Al realizar el escalador, es importante aplicar una buena técnica y controlar el movimiento. Evita levantar demasiado la pelvis o doblar la espalda durante el movimiento. Céntrate en activar los músculos abdominales y los brazos para guiar el movimiento de las piernas.

Recuerda respirar con regularidad durante el entrenamiento y mantener un ritmo respiratorio constante. Inspirar y espirar con regularidad durante el ejercicio te ayudará a mantener una buena oxigenación y a mejorar tu resistencia.

Puedes adaptar la escaladora a tus necesidades y capacidades. Si eres principiante, puedes empezar con un ritmo más lento y aumentar gradualmente la intensidad y la velocidad si tienes más resistencia. También puedes realizar variaciones, como la escaladora alternante, en la que no llevas las dos rodillas al pecho al mismo tiempo, sino alternativamente.

El alpinismo es un gran complemento para un programa de entrenamiento de calistenia porque se dirige a diferentes partes del cuerpo y ofrece un entrenamiento completo. Asegúrate de escuchar a tu cuerpo y presta atención a cualquier tensión o dolor durante el ejercicio. Si tienes problemas de hombros o muñecas, puedes probar variaciones o pedir consejo individual a un experto en fitness.

Giro ruso: este ejercicio se centra en el fortalecimiento de los músculos oblicuos. Siéntate en el suelo, levanta las piernas del suelo e inclínalas en un ángulo de 90 grados. Gira la parte superior del cuerpo de un lado a otro, tocando el suelo con las manos en cada extensión. Asegúrate de tensar los músculos abdominales y mantener una buena postura durante el ejercicio.

Descubre aquí cómo realizar correctamente las rotaciones rusas:

Primero, siéntate en el suelo con las rodillas flexionadas y los pies apoyados en el suelo. Inclina la parte superior del cuerpo ligeramente hacia atrás, dejando la espalda recta y formando un ángulo de unos 45 grados con el suelo.

Cruza las manos delante del pecho, cruza los brazos o agarra una pesa u objeto pesado para aumentar la intensidad del ejercicio.

Contrae los músculos abdominales y gira la parte superior del cuerpo hacia la derecha, llevando las manos o el objeto hacia el lado derecho del cuerpo. Mantén la contracción abdominal y el control del movimiento.

Vuelve a la posición intermedia y gira la parte superior del cuerpo hacia la izquierda, llevando las manos o el objeto al lado izquierdo del cuerpo.

Continúa con las rotaciones alternas a izquierda y derecha de forma suave y controlada.

Al realizar rotaciones rusas, es importante adoptar una buena postura y moverse de forma controlada. Evita inclinar demasiado el torso hacia atrás o levantar los pies del suelo durante la rotación. Céntrate en activar los abdominales oblicuos y controlar el tronco durante las rotaciones.

Recuerda respirar con regularidad durante el ejercicio, inspirando en la posición media y espirando durante las rotaciones. Mantén un ritmo regular y controlado y evita movimientos bruscos o rápidos que puedan interferir con la técnica.

Puedes personalizar las rotaciones rusas en función de tus necesidades y capacidades. Si eres principiante, puedes empezar con movimientos más pequeños e ir aumentando gradualmente la amplitud de las rotaciones a medida que adquieras más fuerza y flexibilidad. También puedes aumentar la intensidad del ejercicio utilizando una pesa o un objeto pesado mientras realizas las rotaciones.

Las rotaciones rusas son un gran complemento para un programa de entrenamiento calisténico porque incorporan los músculos del tronco en un movimiento de rotación. Recuerda escuchar a tu cuerpo y prestar atención a cualquier tensión o dolor durante el ejercicio. Si tienes problemas de espalda o cuello, puedes probar variaciones o pedir consejo individual a un profesional del fitness.

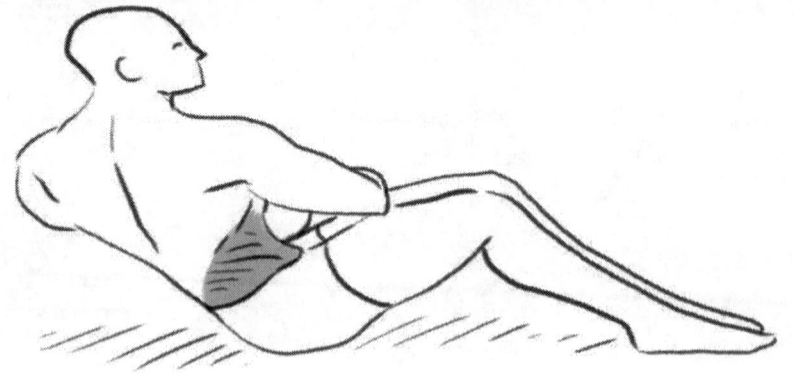

Estiramientos: no olvides estirar después de cada entrenamiento. Los ejercicios de estiramiento te ayudarán a mejorar la flexibilidad de los músculos y a prevenir lesiones. Céntrate en zonas como piernas, brazos, espalda y cuello y mantén las posiciones durante al menos 20-30 segundos.

Estos son algunos de los ejercicios de estiramiento calisténicos más comunes:

Alargamiento de la pantorrilla
En primer lugar, colócate frente a una pared, con un pie ligeramente detrás del otro. Dobla la rodilla delantera y extiende el talón del pie trasero hacia el suelo. Mantén la posición durante unos 30 segundos y luego cambia de pierna.

Estiramiento de cuádriceps: túmbate sobre el lado derecho, dobla la rodilla izquierda y agarra el tobillo con la mano izquierda. Tira del pie hacia las nalgas, manteniendo la parte superior del cuerpo recta, mantén la posición unos 30 segundos y luego cambia de lado.

Estiramiento de los músculos ciáticos: siéntate en el suelo, extiende una pierna hacia delante y dobla la otra, con el pie apoyado en la cara interna del muslo opuesto. Dobla la parte superior del cuerpo hacia delante e intenta alcanzar el pie de la pierna extendida. Mantén esta posición durante unos 30 segundos y luego cambia de pierna.

Estiramiento de los flexores de la cadera
Colócate en posición de estocada, con una rodilla flexionada a 90 grados y la otra extendida detrás de ti. Lleva la parte superior del cuerpo hacia delante con la

espalda recta hasta que sientas una ligera tensión en la cadera delantera. Mantén esta posición durante unos 30 segundos y luego cambia de pierna.

Alargamiento de los músculos pectorales

Colócate frente a una pared y extiende el brazo derecho a la altura del hombro a lo largo de la pared, con la palma de la mano apoyada en la pared. Gira el torso hacia la izquierda con el brazo extendido hasta que sientas una ligera tensión en el pecho y el hombro. Mantén la posición unos 30 segundos y luego cambia de lado.

Durante el estiramiento, es importante respirar con regularidad y relajar los músculos que se van a estirar. Evita forzar demasiado los movimientos e intenta conseguir una sensación de estiramiento agradable sin dolor intenso. Recuerda que calentar antes de estirar puede mejorar la elasticidad de los músculos.

Recomendamos realizar el programa de estiramientos después del entrenamiento o en un momento distinto al entrenamiento principal. Esto calienta los músculos y los prepara para el estiramiento.

Recuerda que cada persona tiene su propio grado de flexibilidad y movilidad articular. Por lo tanto, es importante adaptar los ejercicios de estiramiento a tus capacidades y limitaciones. En caso de problemas de salud o lesiones, consulta a un profesional del fitness o a un fisioterapeuta para obtener asesoramiento personalizado sobre las mejores prácticas de estiramientos y calistenia.

No olvides calentar adecuadamente antes de los ejercicios y escucha siempre a tu cuerpo. No te excedas en la intensidad ni en la duración del entrenamiento y date tiempo para descansar y recuperarte entre sesiones. Mediante la práctica constante y el progreso gradual, conseguirás ejercicios más complejos y desafiantes en Calistenia.

¿Con qué aparatos de calistenia se puede entrenar en casa? ¿Y en el gimnasio?

La calistenia es un tipo de entrenamiento basado en la utilización del propio peso corporal para desarrollar la fuerza, la resistencia y la flexibilidad. La calistenia es un entrenamiento muy versátil, ya que puede realizarse tanto en casa como en el gimnasio con un equipamiento mínimo o especial. Echemos un vistazo a las opciones de equipamiento para Calistenia en ambos entornos.

Entrenamiento calisténico en casa:

Barra de dominadas: la barra de dominadas es una herramienta indispensable para entrenar muchos ejercicios de gimnasia, como las dominadas asistidas y las estocadas. Existen diferentes tipos de barras de dominadas, por ejemplo, barras que se pueden fijar al marco de la puerta o barras independientes.

Barras paralelas: se trata de pequeñas barras paralelas que se pueden utilizar para ejercicios como flexiones, Dips y ejercicios en L. Se pueden utilizar para desarrollar la fuerza de las extremidades superiores y del tronco.

Barras de pared: una barra de pared es una alternativa a la barra de dominadas que puede fijarse al marco de la puerta. Ofrece mayor estabilidad y fuerza, y permite realizar una gran variedad de dominadas y estocadas con apoyo.

Colchoneta o esterilla acolchada: Una colchoneta o esterilla acolchada es útil para realizar ejercicios de suelo como abdominales, estocadas y sentadillas.

Pelota de gimnasia: una pelota de gimnasia puede utilizarse para ejercicios de estabilidad y equilibrio, por ejemplo, estocadas sobre la pelota o flexiones con las manos sobre la pelota.

Entrenamiento calisténico en el Gimnasio :

Barra de dominadas: incluso en el gimnasio, la barra de dominadas es un aparato indispensable para la calistenia. El gimnasio puede ofrecer distintas opciones de barras de dominadas, como barras fijas o extensibles, que pueden ajustarse a distintas alturas.

Dip Bar: Con Dip Bars, puede realizar ejercicios como Dips y L-Sits de forma segura y eficaz. Están diseñadas para soportar tu peso corporal y ofrecen diferentes opciones de agarre y altura.

TRX o bandas elásticas: las bandas elásticas o el sistema TRX pueden utilizarse para una amplia gama de ejercicios de calistenia. Ofrecen resistencia ajustable y apoyo para ejercicios como flexiones, dominadas asistidas y estocadas con apoyo.

Banco o banco multiposición: un banco puede ser útil para ejercicios como abdominales, flexiones y rotaciones rusas. Un banco multiposición ofrece la posibilidad de realizar ejercicios con diferentes inclinaciones, lo que hace que el entrenamiento sea más variado y desafiante.

Plataforma de salto o nivel: una plataforma de salto o trampolín puede utilizarse para ejercicios pliométricos y para mejorar la fuerza de las piernas, por ejemplo, para saltar o hacer estocadas.

Es importante destacar que la calistenia se centra en el uso del peso corporal y la correcta ejecución de los ejercicios. Por lo tanto, incluso sin equipamiento especial, es posible entrenar eficazmente sólo con el cuerpo. En casa o en el gimnasio, es importante tener la técnica adecuada, un equilibrio entre fuerza y agilidad, y un aumento progresivo de la intensidad del entrenamiento.

Cómo elaborar un programa básico de calistenia

Estructurar un programa de entrenamiento de Calistenia requiere una planificación cuidadosa para lograr los máximos resultados y evitar lesiones. A continuación se indican los pasos a seguir para crear un plan de entrenamiento básico de Calistenia.

En primer lugar, fija los objetivos que quieres alcanzar con tu entrenamiento. Puede que quieras aumentar tu fuerza, definir tus músculos, mejorar tu resistencia o trabajar ciertas habilidades como las dominadas o las sentadillas en L.

A continuación, decide cuántas veces a la semana quieres entrenar con Calistenia. Ten en cuenta tu estado de forma actual, el tiempo disponible y la capacidad de recuperación de tu cuerpo. Empieza con una frecuencia semanal que te permita acostumbrarte gradualmente al entrenamiento, por ejemplo, de dos a tres sesiones por semana.

Elige un conjunto de ejercicios básicos de calistenia que incluyan todos los grupos musculares principales. Asegúrate de elegir ejercicios que se ajusten a tu nivel de forma física actual y correspondan a tus objetivos. Los ejercicios básicos pueden incluir dominadas, flexiones, estocadas, planchas, abdominales y muchas otras variaciones.

Organiza tu entrenamiento en unidades que se centren en grupos musculares u objetivos específicos. Por ejemplo, puedes dedicar una unidad a las dominadas y las flexiones, otra a las estocadas y los ejercicios de piernas, y otra a los músculos abdominales y los ejercicios de estabilidad central. De este modo, puedes entrenar cada zona de forma específica y garantizar el tiempo de recuperación adecuado para tus músculos.

Determina el número de series y repeticiones de cada ejercicio. Como principiante, empieza con dos o tres series de ocho a doce repeticiones para cada ejercicio. Con el tiempo, puedes aumentar el número de series o repeticiones o introducir variaciones más avanzadas de los ejercicios.

No olvides incluir días de descanso en tu programa de Calistenia, la recuperación es importante para que tus músculos se recuperen y crezcan. Puedes planificar días de descanso activo en los que realices ejercicios de movilidad, estiramientos o actividades ligeras como natación o yoga.

En Calistenia, el aumento gradual es crucial. A medida que te haces más fuerte y dominas mejor los movimientos, puedes aumentar la intensidad de tu entrenamiento introduciendo variaciones más desafiantes de los ejercicios o añadiendo nuevos ejercicios a tu forma.

La variedad es la clave para evitar el aburrimiento y estimular los músculos de distintas maneras. Añade nuevos ejercicios, prueba variaciones avanzadas o cambia el orden de los ejercicios para desafiar a tu cuerpo y progresar de forma constante.

Realiza un seguimiento de tus progresos en el entrenamiento de Calistenia. Realiza un seguimiento de tu rendimiento y peso corporal para evaluar tu progreso a lo largo del tiempo y efectuar cualquier cambio en tu programa de entrenamiento.

Si es la primera vez que practicas calistenia o tienes objetivos especiales, puede resultarte útil ponerse en contacto con un entrenador cualificado o un entrenador personal especializado en calistenia. Él o ella puede ayudarte a crear un programa personalizado, guiarte en la correcta ejecución de los ejercicios y asistirte en el entrenamiento.

Recuerda adaptar el programa de entrenamiento a tus necesidades y objetivos. Experimenta, escucha a tu cuerpo y modifica el programa en consecuencia para conseguir los mejores resultados a través de la gimnasia.

Ejemplo práctico de reparto semanal del entrenamiento

Día 1:

3 series de flexiones (8-12 repeticiones)
3 series de dominadas con apoyo (8-12 repeticiones)
3 series de estocadas (8-12 repeticiones por pierna)
3 series de planchas (30-60 segundos)
3 series de abdominales (12-15 repeticiones)

Día 2:

3 series de sentadillas con apoyo (8-12 repeticiones)
3 series de flexiones de rodillas (8-12 repeticiones)
3 series de estocadas con apoyo (8-12 repeticiones por pierna)
3 series de dominadas con elástico (8-12 repeticiones)
3 series de Torsión Rusa (12-15 repeticiones por parte)

Día 3:

3 Planchas laterales (30-60 segundos)
3 series de estocadas (8-12 repeticiones por pierna)
3 series de abdominales (12-15 repeticiones)
3 series de dominadas con apoyo (8-12 repeticiones)
3 series de alpinistas (12-15 repeticiones por pierna)

Éste es sólo un ejemplo de cómo podría construirse un programa de entrenamiento básico. Puedes adaptarlo a tus preferencias, objetivos y nivel de forma física. Recuerda siempre realizar un ejercicio de calentamiento antes de cada sesión de entrenamiento y dejar tiempo para el descanso activo entre sesiones. Además, recuerda aumentar gradualmente con el tiempo el número de repeticiones, el nivel de dificultad de los ejercicios o la intensidad del entrenamiento para seguir desafiando a tu cuerpo y progresar.

Ejercicios de tracción, empuje y abdominales

Ejercicios de tracción

Los ejercicios de tracción son una parte esencial de la calistenia y resultan ideales para desarrollar la fuerza de la parte superior del cuerpo, especialmente los músculos de la espalda y los brazos. Para los principiantes en calistenia, hay varios ejercicios de tracción que puedes incluir en tu programa de entrenamiento para desarrollar la fuerza necesaria.

Flexiones asistidas con banda elástica: con este ejercicio puedes empezar gradualmente y desarrollar poco a poco la fuerza necesaria para realizar flexiones completas. Sujeta una banda elástica fuerte a un marco por encima de ti y agárrala con las manos a la anchura de los hombros. Asegúrate de que la banda está tensa, luego dobla las rodillas o coloca los pies sobre una plataforma para apoyarlos. Tira de la banda hacia arriba hasta que la barbilla quede por encima de la barra, prestando atención a una buena postura y a la tensión de los músculos de la espalda. Vuelve lentamente a la posición inicial, moviéndote de forma controlada.

Flexiones con apoyo con una silla o un step: este ejercicio es similar a las flexiones con apoyo con una banda elástica, pero en lugar de la banda elástica, utiliza una silla o un step. Coloca una silla o un step debajo de la barra de dominadas. Sujeta la barra con las manos a la anchura de los hombros y coloca los pies sobre la silla o el stepper. Tira hacia arriba hasta que la barbilla esté por encima de la barra, prestando atención a una buena postura y a la tensión de los músculos de la espalda. Vuelve lentamente a la posición inicial.

Flexiones negativas: Las dominadas negativas son un ejercicio excelente para desarrollar la fuerza en la fase excéntrica del movimiento de dominada. En primer lugar, salta hacia arriba para alcanzar la posición inicial con la barbilla por encima de la barra y, a continuación, comienza lentamente el movimiento descendente controlando el movimiento hasta que los brazos estén completamente extendidos. Puede utilizar un reposapiés para subir a la barra o ayudarse de un step o de un amigo/compañero.

Dominadas australianas: este ejercicio es una excelente alternativa para desarrollar la fuerza necesaria para las dominadas completas. Colócate debajo de una barra o máquina Smith a una altura que te permite agarrar la barra a la anchura de los hombros. Mantén el cuerpo recto y aprieta los músculos de la espalda mientras tira hacia arriba hasta que el pecho o la barbilla alcancen la barra. Vuelve lentamente a la posición inicial.

Dominadas australianas con pies elevados: esta variante de la dominada australiana te permite aumentar la intensidad del ejercicio. Colócate debajo de una barra o de una barra de Smith Machine y agárrala con un asa a la anchura de los hombros. Levanta los pies sobre un soporte de modo que tu cuerpo forme una línea recta.
Tira hacia arriba hasta que el pecho o la barbilla lleguen al poste y, a continuación, vuelve lentamente a la posición inicial.

Recuerda que la correcta ejecución de los ejercicios es crucial para evitar lesiones y maximizar los resultados. Mantén una buena postura, estira los músculos de la espalda y controla el movimiento durante las dominadas. Empieza con un número de series y repeticiones que te permita realizar los ejercicios correctamente y de forma gradual. A medida que te hagas más fuerte y domines mejor el ejercicio, podrás aumentar la intensidad y el número de series y repeticiones.

Ejercicios de empuje

Los ejercicios de flexión (empuje) en calistenia se centran en el desarrollo de la fuerza en la parte superior del cuerpo, especialmente en las zonas de los hombros, el pecho y los tríceps. Hay aquí algunos ejercicios de flexión adecuados para principiantes en Calistenia:

Flexiones de rodillas: Las flexiones de rodillas son una variante de las clásicas flexiones, en las que puedes reducir la intensidad del ejercicio. Colócate a cuatro patas, con las rodillas en el suelo y las manos ligeramente separadas de la anchura de los hombros. Dobla los brazos y baja el cuerpo hacia el suelo, manteniendo el cuerpo recto. A continuación, empuja el cuerpo hacia arriba hasta que los brazos estén completamente extendidos. Repite el movimiento el número de repeticiones que desees.

Flexiones inclinadas: las flexiones inclinadas son una alternativa más ligera a las flexiones convencionales. Busca una superficie elevada, como un banco o un escalón. Coloca las manos ligeramente por encima de la anchura de los hombros sobre la superficie elevada y extiende las piernas hacia atrás, manteniendo el cuerpo recto. Flexiona los brazos y baja el cuerpo hacia la superficie elevada, manteniendo una postura estable. A continuación, empuja el cuerpo hacia arriba hasta que los brazos estén completamente extendidos. Repita el movimiento el número de repeticiones que quieras.

Flexiones con una silla: este ejercicio es una opción útil para todos los principiantes. Coloca las manos ligeramente por encima de la anchura de los hombros sobre una silla o una superficie estable y elevada. Extiende las piernas hacia atrás y mantén el cuerpo recto. Flexiona los brazos y baja el cuerpo hacia el suelo, empujando el pecho hacia la silla. A continuación, empuja el cuerpo hacia arriba hasta que los brazos estén completamente extendidos. Repite el movimiento el número de repeticiones que desees.

Flexiones en silla: son un ejercicio eficaz para fortalecer los tríceps. Colócate de pie con las manos en el borde de una silla estable, con las piernas estiradas hacia delante y los talones apoyados en el suelo. Flexiona los brazos y baja el cuerpo hacia el suelo, manteniendo el cuerpo recto. A continuación, empuja el cuerpo hacia arriba hasta que los brazos estén completamente extendidos. Repite el movimiento el número de repeticiones que desees.

Hombros con bandas elásticas: este ejercicio es ideal para entrenar la fuerza de los hombros. Sujeta una banda elástica fuerte a una estructura estable por encima de ti. Sujeta el extremo de la banda elástica con las manos colocadas a una distancia ligeramente superior a la anchura de los hombros. Levanta los brazos hacia arriba y estíralos completamente por encima de la cabeza. Vuelve lentamente a la posición inicial y controla el movimiento. Repite el movimiento el número de repeticiones que desees.

Recuerda realizar los ejercicios correctamente, tener una buena postura y controlar el movimiento. Empieza con un número de series y repeticiones que te permita efectuar los ejercicios correctamente y de forma gradual. A medida que te fortalezcas y domines mejor los ejercicios, podrás aumentar la intensidad y el número de series y repeticiones.

Ejercicios para el abdomen

El entrenamiento de los músculos abdominales es un elemento esencial de la calistenia para crear una base sólida para la fuerza central. Aquí tienes algunos ejercicios abdominales que puedes incluir en tu programa de calistenia:

Sentadilla: La sentadilla es un ejercicio abdominal clásico. Túmbate boca arriba, dobla las rodillas y apoya los pies en el suelo. Cruza las manos detrás de la cabeza o delante del pecho. Levanta la cabeza y los hombros del suelo y aprieta los abdominales sin levantar la espalda completamente del suelo. Suelta lentamente y repite el movimiento el número de repeticiones que desees.

Elevaciones de piernas: este ejercicio entrena principalmente los músculos abdominales inferiores, tumbado boca arriba y estirando las piernas. Levanta lentamente las piernas hacia arriba, manteniendo las piernas rectas y los músculos abdominales tensos. Deténgate cuando las piernas estén perpendiculares al suelo y, a continuación, baja lentamente las piernas hasta la posición inicial. También puede realizar este ejercicio con las rodillas dobladas si tiene dificultades para mantener las piernas rectas.

Plancha: La plancha es un ejercicio básico para fortalecer los músculos abdominales y centrales. Túmbate boca abajo en el suelo y apoya los codos y las puntas de los pies. Mantén el cuerpo recto y levantado del suelo, contrae los músculos abdominales y mantén la posición durante un tiempo determinado, por ejemplo de 30 a 60 segundos.

Plancha lateral: la plancha lateral es una variante en la que también se ejercitan los músculos oblicuos. Colócate de lado y apoya un codo y el lateral de un pie en el suelo. Levanta el cuerpo en línea recta, estira los abdominales y mantén la posición durante cierto tiempo. Repite el ejercicio en el otro lado.

Torsiones rusas: Este ejercicio ejercita los abdominales oblicuos. Siéntate en el suelo con las rodillas flexionadas y los pies apoyados en el suelo. Inclina ligeramente la parte superior del cuerpo, manteniendo la espalda recta. Coge una pesa o un balón medicinal con las dos manos y gira la parte superior del cuerpo de un lado a otro, con la pesa tocando el suelo a cada lado.

Asegúrate de realizar los ejercicios con la técnica adecuada y de concéntrate en tensar los músculos abdominales con cada movimiento. Empieza con un número de series y repeticiones que te permita realizar los ejercicios correctamente y de forma gradual. A medida que te hagas más fuerte y domines mejor los ejercicios, podrás aumentar la intensidad y el número de series y repeticiones.

La conexión entre mente y cuerpo y la importancia de la percepción corporal

La conexión entre mente y cuerpo es un aspecto crucial del entrenamiento calisténico que va más allá de la simple realización de ejercicios físicos. Es la capacidad de regular los pensamientos, la concentración y la conciencia de los movimientos corporales durante el entrenamiento. Esta profunda conexión entre mente y cuerpo es crucial para sacar el máximo partido al entrenamiento de calistenia y alcanzar tus objetivos.

La conciencia corporal en Calistenia es la capacidad de percibir y comprender los movimientos, sensaciones y reacciones del cuerpo durante el entrenamiento. Esto incluye la conciencia de la postura, la alineación, la respiración y la tensión muscular. Si eres consciente de tu cuerpo, podrás realizar los ejercicios con mayor precisión, fluidez y eficacia, maximizando así los beneficios del entrenamiento.

Un elemento clave para la conexión entre cuerpo y mente en la Calistenia es la concentración. Durante el entrenamiento, es importante concentrarse completamente en la realización de los ejercicios y ocultar las distracciones externas. La concentración permite dirigir el flujo de pensamientos y centrarse en la sensación de contracción y estiramiento muscular, la alineación correcta del cuerpo y la respiración correcta. De este modo podrás mejorar la precisión y la calidad de tus movimientos.

La importancia de la conexión entre cuerpo y mente en la Calistenia excede de la simple realización de los ejercicios. Si uno es consciente de su cuerpo durante el

41

entrenamiento, puede lograr una mejor coordinación y control del movimiento. Pueden detectar cualquier desequilibrio o asimetría en el movimiento y trabajar para corregirlos. Además, con la ayuda de la percepción corporal, puede detectar signos de fatiga o tensión y ajustar su entrenamiento en consecuencia para evitar lesiones y optimizar los resultados.

La práctica de la conciencia corporal en Calistenia puede desarrollarse a través de diferentes estrategias, algunas sugerencias útiles son:

1. Practicar la meditación o la relajación antes de entrenar para calmar la mente y centrar la atención en el cuerpo.
2. Realizar ejercicios dinámicos de estiramiento para mejorar la movilidad y la conciencia de los diferentes grupos musculares.
3. Efectuar ejercicios de control de la respiración para aprender, respirar conscientemente y adaptarse a las necesidades de tu cuerpo durante el ejercicio. Con los ejercicios de estabilización y equilibrio desarrollarás una mayor conciencia de la alineación corporal y el control postural.
4. Dedicar tiempo a observar y analizar tus movimientos durante el entrenamiento y anotar cualquier error postural, limitación o error técnico. Experimentar con feedback visual, como vídeos, para observar y corregir tu técnica.
5. Trabajar la conexión entre cuerpo y mente en Calistenia requiere práctica y constancia. Cuanto más entrenes con conciencia, más mejorarás tu conexión y tu rendimiento. La conciencia corporal no solo incrementa los resultados físicos, sino que también contribuye al bienestar general, la gestión del estrés y el fomento de un estado mental equilibrado durante el entrenamiento.

Ventajas e inconvenientes de la calistenia

La calistenia, el entrenamiento con el propio peso corporal, se ha hecho cada vez más popular en los últimos años porque es práctica y ofrece un entrenamiento completo. Como cualquier tipo de entrenamiento, la calistenia también tiene ventajas e inconvenientes. Veámoslas en detalle.

Beneficios de la calistenia

- Accesibilidad: la calistenia no requiere equipos caros o complejos. Se puede entrenar en cualquier lugar, incluso en casa o en un parque, utilizando únicamente el propio peso corporal. Esto hace que la calistenia sea una opción accesible para todo el mundo, sin restricciones en cuanto al acceso a un gimnasio o a equipos especiales.

- Desarrollo de la fuerza funcional: la calistenia se centra en el entrenamiento de movimientos multiarticulares que implican a varios grupos musculares al mismo tiempo. Esto ayuda a desarrollar la fuerza funcional, que es esencial para las actividades cotidianas y deportivas. Los ejercicios calisténicos entrenan la coordinación y la estabilidad y mejoran la conexión entre el cuerpo y la mente.

- Mejorar la flexibilidad y la amplitud de movimiento: muchos ejercicios de calistenia requieren una considerable amplitud de movimiento, lo que puede ayudar a mejorar la elasticidad y la movilidad de las articulaciones. Por ejemplo, las estocadas y las sentadillas necesitan un buen estiramiento de las piernas y las caderas. Esto hace que la calistenia sea una opción excelente para cualquiera que desee mejorar su flexibilidad.

- Adaptabilidad: la calistenia puede adaptarse a diferentes niveles de forma física. Los ejercicios pueden hacerse más fáciles o más difíciles cambiando el ángulo, la altura o la intensidad. Esto hace que la calistenia sea adecuada tanto para principiantes como para deportistas experimentados y ofrece un enfoque gradual para alcanzar objetivos ambiciosos.

Desventajas de la calistenia

- Límites de resistencia: a diferencia del entrenamiento de fuerza, la calistenia utiliza el propio peso corporal como resistencia. Mientras que los principiantes pueden beneficiarse considerablemente del entrenamiento con el propio peso corporal, los deportistas más experimentados alcanzan sus límites en el aumento de la resistencia y la masa muscular sin necesidad de utilizar pesos adicionales.

- Progresión compleja: Aunque la calistenia proporciona un alto grado de adaptabilidad, la progresión puede ser compleja y requiere un buen conocimiento de los ejercicios. A los principiantes puede resultarles difícil decidir cuándo aumentar la intensidad o pasar a variaciones más difíciles. Es importante aprender correctamente la técnica básica de los ejercicios y planificarlos de forma coherente para garantizar una progresión adecuada.

- Limitaciones con determinados grupos musculares: Aunque la calistenia implica a muchos grupos musculares, puede resultar difícil aislar determinados grupos musculares. Por ejemplo, desarrollar los músculos de las piernas puede parecer más difícil que con las pesas tradicionales. Además, algunas variaciones de los ejercicios pueden trabajar unos grupos musculares más que otros.

- Posibles limitaciones para la hipertrofia muscular: la calistenia puede promover la fuerza funcional y la resistencia muscular, pero puede no ser la mejor opción para quienes buscan una hipertrofia muscular significativa. El entrenamiento con pesos adicionales y menos repeticiones puede ser más eficaz para incrementar el crecimiento muscular.

La calistenia, como hemos visto, ofrece muchos beneficios, pero también puede presentar algunas limitaciones en términos de resistencia, progresión y desarrollo muscular. Es importante evaluar los objetivos y preferencias personales de cada uno para decidir si la calistenia se adapta a sus necesidades de entrenamiento.

¿Cómo se entrena un deportista avanzado en calistenia?

El entrenamiento de un deportista de calistenia avanzado requiere un enfoque más exigente y centrado que el de un principiante. Los deportistas de calistenia avanzados ya han desarrollado una sólida base de fuerza, flexibilidad y control corporal y son capaces de realizar ejercicios más complejos y exigentes. Veamos cómo puede estructurarse el entrenamiento de calistenia para un deportista avanzado.

Programación avanzada: Los atletas de calistenia avanzada se benefician de una programación elaborada que incluya una variedad de ejercicios, modos de progresión y esquemas de repetición. Es importante establecer objetivos claros y realistas, como mejorar la fuerza y la resistencia o aprender nuevas habilidades, como ejercicios avanzados de levantamiento o banderas humanas. El programa debe incluir una combinación de ejercicios de tracción, empuje, abdominales y de flexibilidad, haciendo hincapié en el equilibrio entre los distintos grupos musculares.

Centrarse en las habilidades: Los atletas más experimentados pueden dedicar más tiempo a aprender y perfeccionar las habilidades calisténicas avanzadas. Entre ellas se incluyen ejercicios como muscle-ups, flexiones, palancas frontales, palancas traseras, estocadas y otros movimientos avanzados que requieren fuerza, equilibrio y control corporal. Practicar estas habilidades requiere tiempo, paciencia y dedicación, pero puede dar lugar a resultados extraordinarios.

Construir gradualmente: Incluso los atletas más experimentados deben proceder lentamente con nuevos ejercicios o variaciones más difíciles. No hay que subestimar la importancia de construir una base sólida y consolidar la fuerza y la estabilidad antes de pasar a movimientos más avanzados. Esto significa que los ejercicios básicos e intermedios deben realizarse con la máxima precisión y control antes de pasar a variaciones más difíciles. Una transición gradual reduce el riesgo de lesiones y ayuda a desarrollar una base sólida.

Alternancia y periodización: los deportistas avanzados pueden beneficiarse de una mayor variabilidad del programa para evitar los fenómenos de adaptación y estancamiento. Esto puede incluir la introducción de nuevos ejercicios, el uso de diferentes métodos de progresión (por ejemplo, el aumento del peso corporal, el uso de pesas adicionales o el uso de equipos como bandas elásticas) y la variación de la intensidad, el volumen y la frecuencia del entrenamiento. Además, puede recurrirse a la periodización, es decir, a ciclos de entrenamiento con objetivos específicos y periodos de recuperación, para maximizar los resultados.

Equilibrio: aunque los deportistas avanzados pueden tener la tentación de centrarse exclusivamente en ejercicios complejos, es importante mantener un equilibrio entre fuerza, resistencia, flexibilidad y estabilidad. Esto significa que los ejercicios de tracción, empuje y abdominales deben incluirse en el programa de forma equilibrada. Además, no debe pasarse por alto la importancia del entrenamiento de la flexibilidad y la movilidad para mantener una amplitud de movimiento adecuada y prevenir lesiones.

Por último, es aconsejable consultar a un entrenador cualificado o a un técnico de calistenia experimentado para obtener una orientación personalizada y consejos específicos en función de sus necesidades y objetivos.

El entrenamiento estructurado como deportista avanzado de calistenia requiere compromiso, disciplina y una sólida comprensión de los principios del entrenamiento. Con la programación y el enfoque adecuados, puedes seguir alcanzando nuevos niveles de fuerza, control corporal y habilidades calisténicas.

Aquí tienes un posible plan de entrenamiento avanzado de calistenia. Recuerda que es importante adaptar el entrenamiento a tus capacidades y progresos individuales. Asegúrate de calentar adecuadamente antes de cada sesión de entrenamiento y pide siempre consejo a un profesional del fitness antes de empezar un nuevo programa de entrenamiento.

Día 1: Entrenamiento de la parte superior del cuerpo

- Flexiones con una mano: 3 series de 6 a 8 repeticiones por brazo.
- Dominadas con barra (agarre ancho): 3 series de 8-10 repeticiones

- Flexiones paralelas: 3 series de 10-12 repeticiones
- Flexiones en barras paralelas: 3 series de 8-10 repeticiones
- Squat jump con parada isométrica: 3 series de 6-8 repeticiones (parada isométrica de 3 segundos)
- Plancha lateral: 3 series de 30-60 segundos por lado

Día 2: Entrenamiento de la parte inferior del cuerpo

- Sentadilla (Pistola): 3 series de 6-8 repeticiones por pierna
- Estocadas búlgaras: 3 series de 8-10 repeticiones por pierna
- Squat jump: 3 series de 10-12 repeticiones (intentando saltar lo más alto posible de forma explosiva)
- Step-up con salto: 3 series de 8-10 repeticiones por pierna
- puente glúteo con los pies sobre el fitball: 3 series de 10-12 repeticiones
- plancha lateral: 3 series de 8-10 repeticiones por pierna

Día 3: Entrenamiento de todo el cuerpo

- Musculación: 3 series de 4-6 repeticiones
- Flexiones de pie contra la pared: 3 series de 6-8 repeticiones
- Tirones de barbilla en la barra: 3 series de 10-12 repeticiones
- Dedos de los pies a la barra: 4 series 12 repeticiones
- Sentadilla Pistola: 3 series de 6-8 repeticiones por pierna (explosiva en la subida, lenta y concentrada en la bajada)
- Flexiones en plancha: 3 series de 4-6 repeticiones
- Plancha : 3 series de 30-60 segundos.
Nota: el plan de entrenamiento anterior es sólo un ejemplo y puede modificarse para adaptarlo a tus propias preferencias y objetivos. Asegúrate también de planificar suficientes días de descanso para permitir que tu cuerpo se recupere y se adapte al entrenamiento.

Es importante prestar atención a la técnica de ejecución correcta de cada ejercicio e ir aumentando gradualmente el peso y la dificultad. Si es necesario, puedes utilizar ayudas como bandas elásticas, correas pesadas o pesos adicionales para adaptar los ejercicios a tus capacidades.

Recuerda escuchar siempre a tu cuerpo y ajustar la intensidad y el volumen de tu entrenamiento en función de tus sensaciones y de las señales que te envíe. Una nutrición adecuada y un descanso suficiente son importantes para apoyar el entrenamiento y favorecer el crecimiento y la reparación muscular.

Veamos juntos la ejecución de algunos de estos ejercicios:

Saltos a barras paralelas

Las barras paralelas son un ejercicio calisténico que trabaja principalmente los músculos de la parte superior del torso, incluidos los tríceps, los pectorales y los deltoides anteriores. Las paralelas son dos barras paralelas colocadas a una distancia ligeramente superior a la anchura de los hombros.

Descubre aquí cómo realizar saltos en las barras paralelas:

1. Colócate entre las barras paralelas con los brazos extendidos, manteniendo las manos firmemente apoyadas en las barras. Los brazos deben ser ligeramente más anchos que los hombros.
2. Levanta el cuerpo tirando de los hombros hacia arriba y alejándolos de los omóplatos.
3. Levanta el cuerpo tirando de los hombros hacia arriba y separándolos de los omóplatos. Esta es la posición inicial.
   Dobla los codos y baja lentamente el cuerpo, manteniendo el torso erguido y tensando el tronco. Intenta realizar el movimiento de forma controlada.
4. Continúa el movimiento hacia abajo hasta que los codos se doblen en un ángulo de unos 90 grados o hasta que siente un buen estiramiento en la parte superior de los tríceps o los pectorales.
5. Invierte el movimiento y empuja con fuerza hacia arriba para volver a la posición inicial, extendiendo completamente los brazos.
6. Repite el movimiento durante el número de repeticiones deseado.

Al realizar dips en la barra, asegúrate de mantener una buena postura con el torso erguido y los hombros hacia atrás. Evita dejar caer los hombros hacia delante o doblar demasiado la espalda. Controla los movimientos y respira con regularidad durante el ejercicio.

Puedes ajustar los saltos en las barras paralelas en función de tu fuerza y habilidad. Si eres principiante, al principio puede realizar el ejercicio con las piernas flexionadas a 90 grados para reducir la intensidad. A medida que aumentes tu fuerza, puedes alargar gradualmente las piernas o añadir pesas para aumentar el desafío.

Seas consciente de tus limitaciones físicas y trabaja gradualmente para mejorar la fuerza y la técnica. Si sufres problemas en los hombros o en las articulaciones, es aconsejable que consultes a un profesional del fitness o a un fisioterapeuta antes de realizar dip at the barre para evitar lesiones o complicaciones.

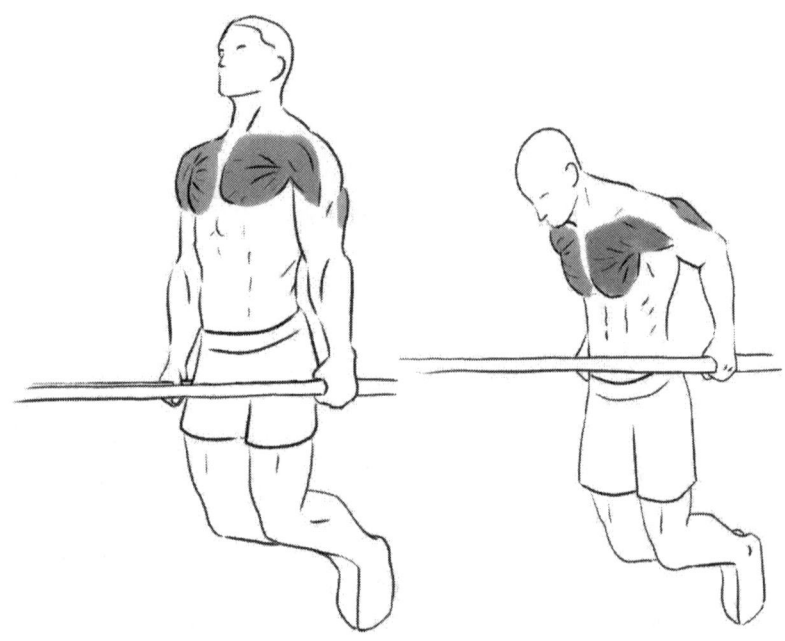

Sentadilla Pistola

Las sentadillas pistola son un ejercicio gimnástico que trabaja principalmente los músculos de las piernas, como los cuádriceps, los glúteos y los isquio-crurales. Se trata de una variante avanzada de las sentadillas en la que solo se ejecuta una pierna a la vez mientras la otra permanece elevada hacia delante.

Para realizar Sentadillas Pistola.

1. Colócate de pie con los pies separados a una distancia ligeramente superior a la anchura de los hombros.
2. Levanta y extiende una pierna hacia delante. Desplaza el peso hacia el pie opuesto.
3. Flexiona la rodilla y baja lentamente la pelvis, levantando el pie hacia delante y extendiendo la otra pierna delante de ti.
4. Intenta bajar lo máximo posible, manteniendo el talón del pie levantado y apoyado en el suelo.
5. Durante la ejecución, asegúrate de mantener una buena postura con la espalda recta y la parte superior del cuerpo erguida.
6. Una vez que llegues al punto más bajo posible, empuja con fuerza a través del talón y eleva el cuerpo hacia arriba hasta volver a ponerse de pie, manteniendo el control del movimiento.
7. Repite el movimiento durante el número de repeticiones deseado, luego cambia de pierna y repite con la otra pierna.

Al realizar Sentadillas Pistola, es importante mantener el equilibrio y la estabilidad. Para mantener el equilibrio durante el ejercicio, puedes extender los brazos hacia delante. También es posible utilizar un banco o una silla como apoyo para realizar el ejercicio con una profundidad de movimiento menor al principio. A medida que ganes fuerza y control, puedes aumentar gradualmente la profundidad y realizar sentadillas pistola sin apoyo.

Las sentadillas pistola requieren buena fuerza en las piernas, equilibrio y flexibilidad. Si eres principiante, puede que tengas que dedicar algún tiempo a desarrollar estas cualidades antes de poder realizar el ejercicio correctamente. Trabaja gradualmente y aumenta la dificultad a medida que ganes fuerza y control corporal.

Como con todos los ejercicios, es importante realizar las Sentadillas Pistola con la técnica correcta para evitar lesiones. Si tienes problemas de rodilla o articulaciones, es aconsejable que consultes a un experto en fitness o a un fisioterapeuta antes de realizar sentadillas, para asegurarte de que las realizas con seguridad y eficacia.

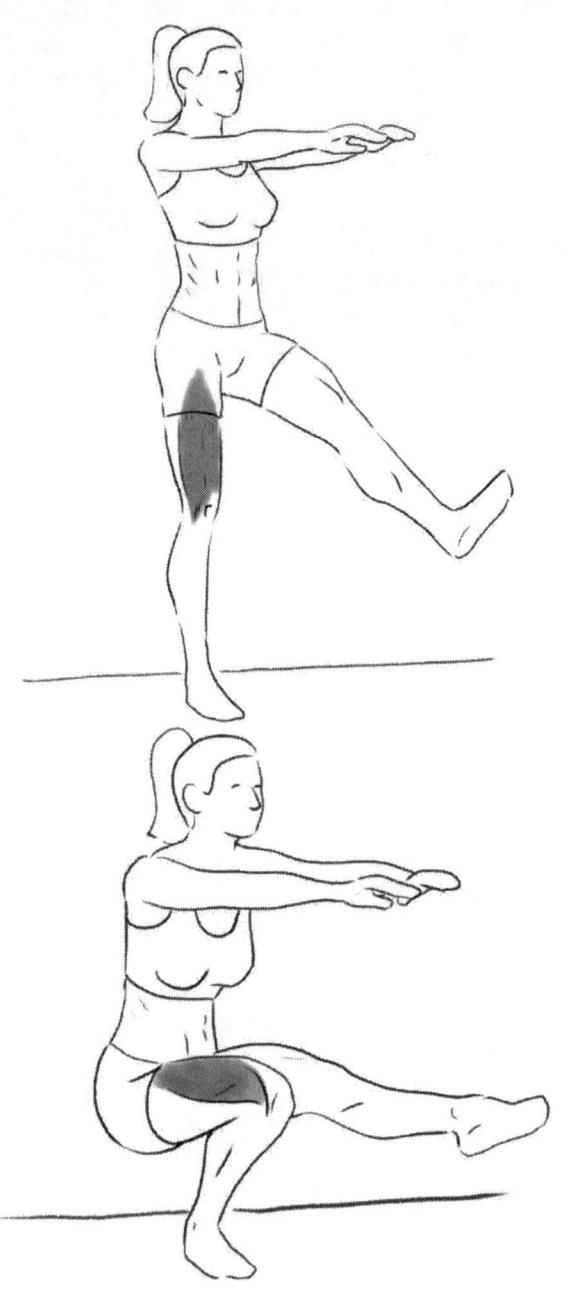

Planche

El Planche Leans es un ejercicio de calistenia cuyo objetivo es desarrollar la fuerza y la estabilidad de la parte superior del cuerpo, en particular los músculos abdominales, los hombros y el pecho. Es un ejercicio más avanzado que la Plancha, una posición estática en la que el cuerpo está suspendido horizontalmente en el aire, los brazos extendidos y los pies despegados del suelo.

Aquí cómo hacerlo con seguridad:

- Coloca el cuerpo en posición de flexión con las manos apoyadas en el suelo, ligeramente por encima de la anchura de los hombros. Los dedos de las manos deben apuntar hacia delante.
- Extiende completamente los brazos y levanta los pies del suelo, estirando el cuerpo en línea recta.
- Inclina lentamente el cuerpo hacia delante empujando los hombros hacia delante en relación con las manos. Intenta mantener el cuerpo en línea recta durante la inclinación.
- Sigue inclinándote hacia delante hasta que sientas tensión en los músculos de los hombros, el abdomen y el pecho. La posición final debe parecerse a una tabla con los hombros ligeramente por delante de las manos.
- Mantén esta posición durante unos segundos y concéntrate en estabilizar el cuerpo y tensar los músculos implicados.
- Repite el ejercicio el número de repeticiones que desees o mantén la posición durante algún tiempo.

Al realizar planchets, es importante tener una buena técnica y control del movimiento. Asegúrate mantener activo el tronco y tensar los músculos de los hombros y los abdominales para mantener el cuerpo estable y alineado. Es posible que al principio no puedas inclinarte mucho hacia delante, pero con el tiempo y el entrenamiento mejorarán tu flexibilidad, fuerza y estabilidad.

Como con todos los ejercicios de calistenia, es crucial realizar este ejercicio con seguridad. Asegúrate calentar adecuadamente antes del ejercicio, utiliza una superficie estable y escucha a tu cuerpo. Si tienes problemas en los hombros o en las articulaciones, consulta a un experto en fitness o a un fisioterapeuta antes de realizar los ejercicios para asegurarte de que se ejecutan correctamente y evitar lesiones.

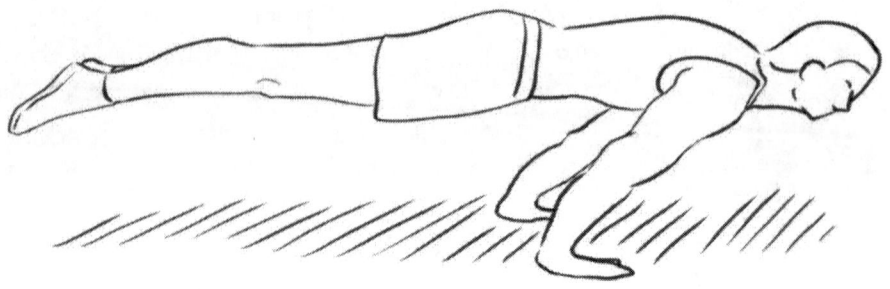

Dedos en la barra

El Toes-to-bar es un ejercicio común en gimnasia que trabaja los abdominales y los flexores de la cadera. El objetivo es tocar la barra con los dedos de los pies mientras te cuelgas con los brazos estirados. Este ejercicio requiere fuerza de agarre, control del tronco y flexibilidad de la cadera.

Descubre aquí cómo acercar los dedos de los pies a la barra:

- Colócate debajo de la barra con los brazos estirados y las manos separadas a una distancia ligeramente superior a la anchura de los hombros.
- Apóyate en la barra con las manos en pronación (dedos apuntando hacia fuera).
- Sujétate a la barra mientras mantienes los brazos estirados y los pies separados del suelo. Esta es la posición inicial.
- Contrae los músculos abdominales y flexiona las caderas mientras levantas las piernas hacia arriba. Intenta llevar los dedos de los pies a la barra.
- Intenta estirar las piernas y mantener el tronco activo durante el movimiento. Evita balancear o mecer el cuerpo.
- Una vez alcanzada la elevación máxima de las piernas, controla el movimiento y baja lentamente las piernas hasta la posición inicial.
- Repite el movimiento durante el número de repeticiones deseado o durante el tiempo establecido.

- Al realizar Toes-to-Bar, es importante prestar atención a la técnica correcta para obtener el máximo beneficio y evitar lesiones.

Aquí algunos puntos a tener en cuenta:

- Mantén los brazos extendidos durante todo el movimiento para activar al máximo los músculos abdominales y de los hombros.
- Contrae el tronco mientras levantas las piernas para mantener la estabilidad y evitar un arqueo excesivo de la espalda.
- Evita utilizar las piernas o balancearte excesivamente para realizar el movimiento. Intenta utilizar la fuerza de los músculos abdominales para realizar el movimiento lentamente y de forma controlada.

Al principio, puede ser necesario efectuar el movimiento con las rodillas flexionadas en lugar de extender completamente las piernas. Con el tiempo y la práctica, podrás estirar gradualmente las piernas hasta que toquen la barra.

El ejercicio de dedos de los pies en la barra supone un reto y requiere fuerza y coordinación. Si eres principiante, puedes empezar realizando versiones modificadas, en las que levantas las rodillas hacia el pecho en lugar de tocar la barra. A medida que ganes fuerza y control, podrás acercarte gradualmente al objetivo de realizar un ejercicio completo en la barra.

Como siempre, es importante realizar los ejercicios de forma segura y controlada. Calienta adecuadamente antes del ejercicio, sujeta la barra con firmeza y escucha a tu cuerpo. Si tienes problemas de hombro o cadera, es aconsejable consultar a un profesional del fitness o fisioterapeuta para adaptar los ejercicios a tus necesidades y evitar lesiones.

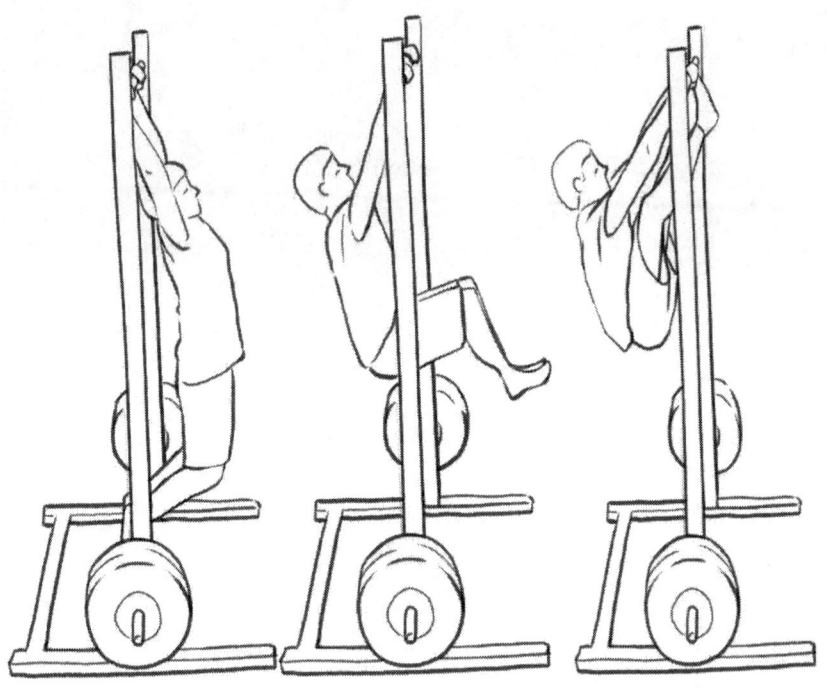

Estocadas Bulgari

Las estocadas búlgaras, también conocidas como sentadillas divididas, son un ejercicio gimnástico para fortalecer y tonificar los miembros inferiores, en particular los cuádriceps, los glúteos y los isquiotibiales. Toman su nombre de Bulgaria, el país donde se desarrollaron originalmente.

Descubre aquí cómo realizar las estocadas búlgaras:

- Coloca una pierna detrás de ti en un banco, una silla o una superficie sólida y estable. Coloca la otra pierna delante de ti con la rodilla doblada en ángulo recto.
- Manteniendo la espalda recta y el torso erguido, tensa los músculos abdominales y baja el cuerpo hacia el suelo doblando la rodilla de la pierna delantera. El objetivo es bajar la rodilla trasera sin tocar el suelo.

- Asegúrate de que la rodilla delantera esté alineada con el tobillo y no sobrepase la punta del pie. Mantén el talón de la pierna delantera firmemente apoyado en el suelo.

- Mantén una posición controlada y desciende hasta que la rodilla trasera quede a unos centímetros del suelo. Asegúrate de mantener un buen equilibrio mientras realizas el ejercicio.

- Una vez alcanzada la profundidad máxima, empuja con el talón de la pierna delantera para volver a la posición inicial. Repite el movimiento el número de repeticiones que desees.

Al realizar estocadas búlgaras, es importante prestar atención a la técnica correcta para maximizar los beneficios y evitar lesiones.

Hay que tener en cuenta algunos puntos:

- Mantén el torso erguido y el tronco tenso para conservar la estabilidad y la alineación correcta durante el movimiento.

Asegúrate de que la rodilla delantera esté alineada con el tobillo y no sobrepase la parte superior del pie para evitar tensiones indebidas en las articulaciones.

Trabaja los músculos de las piernas empujando el talón de la pierna delantera hacia arriba en la fase concéntrica del movimiento.

Puedes ajustar la intensidad del ejercicio variando la longitud de la zancada o utilizando pesos adicionales, como mancuernas o kettlebells.

Las estocadas búlgaras ofrecen numerosos beneficios, como el fortalecimiento de las piernas, el aumento de la estabilidad de la cadera y el tronco y la mejora del equilibrio. Puedes incorporarlas a tu rutina de ejercicios para obtener una mayor variedad de ejercicios de piernas y lograr resultados significativos en el entrenamiento calisténico o con el peso corporal.

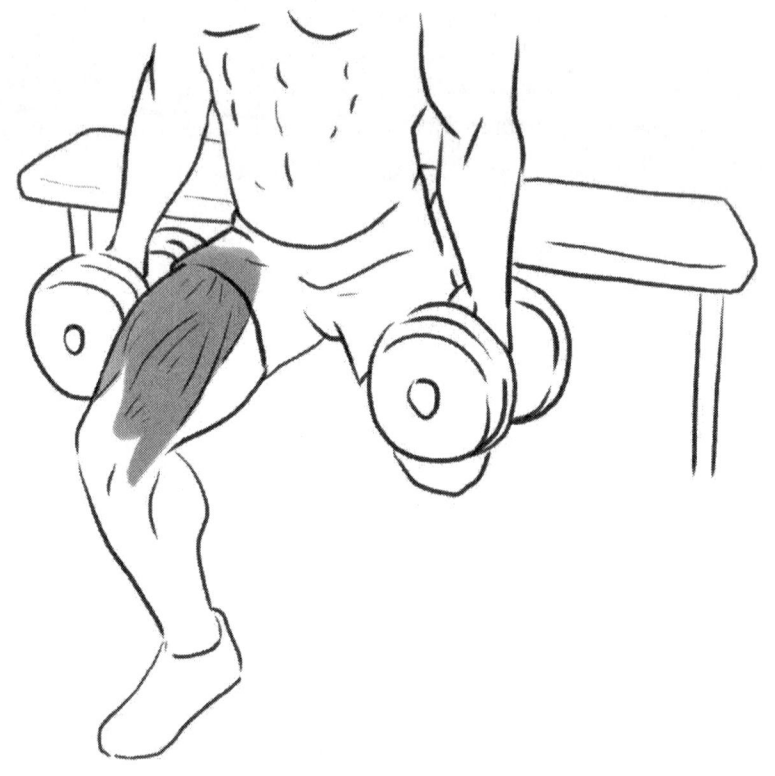

Step Up con Jump

El step-up con salto es un ejercicio de calistenia que combina un movimiento de step-up con un salto, haciendo trabajar los músculos de las piernas, los glúteos y los músculos estabilizadores del tronco. Es un ejercicio dinámico que mejora la fuerza explosiva, el equilibrio y la coordinación.

Descubre cómo realizar el step-up con salto aquí:

- Busca un banco o plataforma estable a una altura adecuada a tu forma física. El banco debe ser lo suficientemente alto como para permitirte doblar la rodilla delantera en un ángulo de 90 grados al apoyar el pie.

- Colócate delante del banco y levanta un pie por encima del banco, doblando la rodilla y desplazando el peso del cuerpo a la pierna de trabajo. Asegúrate de que el pie esté firmemente apoyado en el banco y el talón completamente sujeto.
- Contrae los músculos abdominales y empuja con el talón de la pierna de trabajo para levantarse del banco. Extiende completamente la pierna y sube la otra en un movimiento de salto.
- Durante el salto, cambia la posición de las piernas colocando una pierna en posición estirada y la otra sobre el banco.
- Aterriza suavemente en el banco con la otra pierna y dobla la rodilla para absorber el impacto. Asegúrate de mantener la estabilidad y el equilibrio durante el aterrizaje.
- Repite el movimiento cambiando de pierna durante el salto.

Al realizar el step-up con salto, es importante prestar atención a la técnica correcta para evitar lesiones y maximizar los beneficios del ejercicio.

Cabe señalar algunos puntos:

- Mantén la parte superior del cuerpo erguida y la parte media del cuerpo tensa para mantener una buena postura durante el ejercicio.
- Concéntrate en empujar hacia arriba con la pierna activa durante el salto.
- Asegúrate de que el banco o la plataforma sobre la que se realiza el step-up es estable y seguro.
- Comienza con una altura de banco o plataforma correspondiente a tu nivel de forma física y aumenta gradualmente la altura si te sientes más seguro y eficaz en la realización del ejercicio.

El Jump Step-up es un ejercicio eficaz para mejorar la fuerza explosiva de las piernas y desarrollar la coordinación y el equilibrio. Puede incluirse en tu rutina de ejercicios calisténicos o de cuerpo libre como ejercicio dinámico y divertido para entrenar las piernas y aumentar la resistencia.

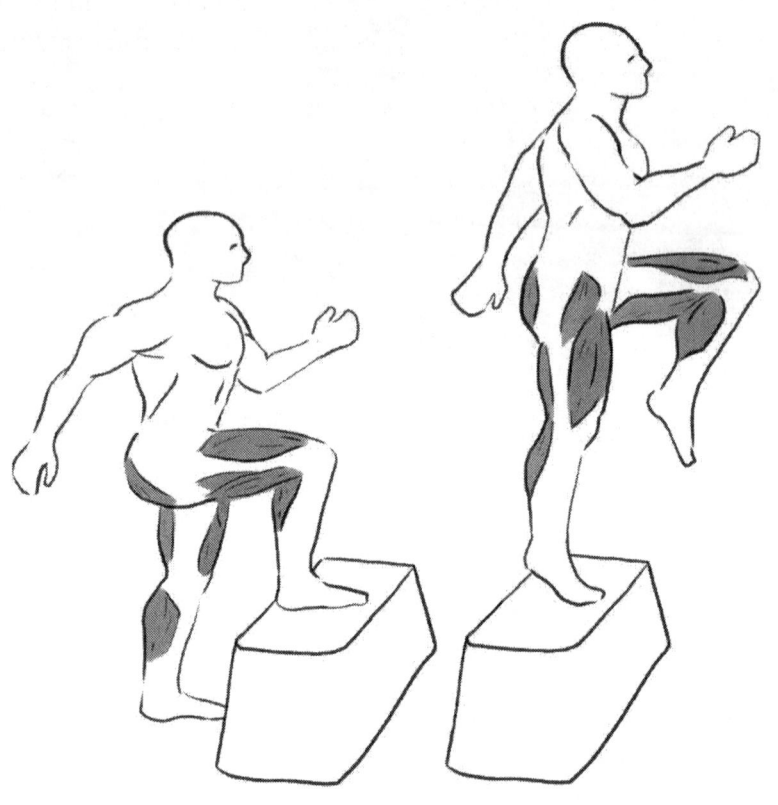

Calistenia y pérdida de peso

Beneficios metabólicos de la calistenia

La calistenia, como hemos visto, es una actividad física en la que se mueve el cuerpo con el propio peso corporal como resistencia. Los ejercicios activan varios grupos musculares al mismo tiempo, lo que requiere un gasto considerable de energía. Este proceso estimula el metabolismo, es decir, la forma en que el cuerpo convierte los alimentos en energía.

Uno de los principales beneficios metabólicos de la calistenia es el aumento del consumo de energía durante el entrenamiento. Los ejercicios calisténicos de alta intensidad requieren más energía que los ejercicios de resistencia tradicionales, como el levantamiento de pesas o los aparatos de fitness. Ejercicios como flexiones, estocadas, sentadillas y burpees requieren muchos músculos del cuerpo y su correcta ejecución exige un esfuerzo coordinado, lo que significa que se consumen más calorías durante el entrenamiento, lo que contribuye a la pérdida de peso.

Otro aspecto importante de los beneficios metabólicos de la Calistenia son los efectos sobre el metabolismo en reposo.
El metabolismo en reposo es la cantidad de calorías que quema el cuerpo en reposo, es decir, sin ninguna actividad física en particular. Dado que la calistenia consiste en desarrollar y mantener la masa muscular, puede aumentar este metabolismo. Los músculos son tejidos activos que consumen energía incluso en reposo. Por lo tanto, cuanta más masa muscular tengas, más calorías quemarás durante el día.

Otra característica que hace que la Calistenia sea beneficiosa para el metabolismo es su capacidad para promover el entrenamiento de alta intensidad. Por ejemplo, se sabe que el entrenamiento por intervalos aumenta el consumo de oxígeno después del esfuerzo (EPOC), es decir, el consumo de calorías después del entrenamiento, para que el cuerpo vuelva a su nivel de reposo. La calistenia, con su combinación de entrenamiento cardiovascular y de fuerza, puede estimular el EPOC y prolongar el consumo de calorías incluso después del entrenamiento.

Por último, la Calistenia ofrece la flexibilidad de adaptar la intensidad de los ejercicios a tus necesidades. Tanto si eres principiante como un atleta experimentado, puedes ajustar la intensidad de los movimientos, el número de repeticiones y los tiempos de recuperación para adaptarlos a tus objetivos específicos. De este modo, puedes maximizar los beneficios metabólicos de la Calistenia, independientemente de tu nivel inicial de forma física.

En resumen, los beneficios metabólicos de la Calistenia son múltiples. La actividad de alta intensidad y el uso de grupos musculares durante el entrenamiento estimulan el metabolismo y aumentan el consumo de energía tanto durante el entrenamiento como en reposo. Además, el entrenamiento de alta intensidad puede prolongar el consumo de calorías después del entrenamiento debido al EPOC. La flexibilidad de la Calistenia te permite adaptar el entrenamiento a tus necesidades, lo que la convierte en una opción eficaz para quienes desean perder peso y mejorar su metabolismo.

Quema más calorías con la calistenia

En esta sección veremos algunos de los principales ejercicios de Calistenia que pueden ayudarte a quemar un elevado número de calorías.

La calistenia es un tipo de entrenamiento de alta intensidad que quema calorías de forma eficaz porque requiere esfuerzo físico, implica a varios grupos musculares y aumenta la frecuencia cardiaca.

Uno de los entrenamientos para quemar calorías más importantes de la Calistenia es el Burpee. Este ejercicio implica a todo el cuerpo y combina sentadillas, flexiones y saltos verticales. Es un ejercicio muy dinámico y exigente que requiere coordinación y fuerza. Con una serie de burpees puedes quemar una gran cantidad de calorías en poco tiempo.

Otro ejercicio eficaz es saltar a la cuerda. Aunque parezca un ejercicio sencillo y trivial, saltar a la cuerda exige coordinación, resistencia y fuerza. Es una actividad de alta intensidad que pone a prueba los músculos de las piernas, los glúteos, los brazos y los abdominales.

Las flexiones son otro ejercicio para quemar calorías. Los músculos del pecho, los deltoides y los tríceps son los que más trabajan, pero también los músculos abdominales y los estabilizadores del tronco. Un gran número de flexiones puede suponer un reto y ayudar a quemar calorías.

Consideremos ahora las estocadas, este ejercicio implica a los músculos de las piernas, los glúteos y los abdominales. Es un ejercicio completo que requiere estabilidad, fuerza y coordinación.

Por último, están las sentadillas, que son uno de los ejercicios más importantes de la gimnasia para consumir calorías. En las sentadillas se trabajan principalmente los músculos de las piernas, los glúteos y los abdominales. Son un ejercicio compuesto que requiere coordinación y fuerza. Una serie de sentadillas repetidas puede ayudar a quemar calorías y estimular el metabolismo.

Para quemar calorías con la Calistenia, es importante realizar los ejercicios correctamente y mantener una intensidad elevada durante el entrenamiento. Esto incluye realizar el número adecuado de repeticiones, mantener una buena forma y trabajar a gran velocidad, respetando también los tiempos de descanso. Además, la combinación de ejercicios en circuitos de alta intensidad puede maximizar el consumo de calorías durante el entrenamiento.

En resumen, la calistenia ofrece una amplia gama de ejercicios que permiten quemar un gran número de calorías. Desde enérgicos burpees hasta saltos con cuerda, flexiones, estocadas y sentadillas, estos ejercicios implican a distintos grupos musculares y requieren un esfuerzo físico. El entrenamiento de alta intensidad y la correcta ejecución de los ejercicios son esenciales para maximizar el consumo de calorías y lograr resultados significativos en la pérdida de peso.

Desarrollar correctamente la masa muscular con la calistenia

Ganar masa muscular con el entrenamiento calisténico es totalmente posible. Aunque a menudo se asume que la Calistenia es principalmente una disciplina para mejorar la fuerza, la resistencia y el equilibrio, hay que destacar que también es una excelente forma de entrenamiento, ya que muchos ejercicios se dirigen a varios grupos musculares a la vez, lo que estimula el crecimiento muscular de manera uniforme.

Veamos juntos algunos puntos importantes de tener en cuenta para aumentar la masa muscular con la Calistenia:

Progresión del ejercicio: para estimular el crecimiento muscular, debes aplicar el principio de progresión gradual. Esto significa que debes desafiar constantemente a tus músculos con ejercicios cada vez más difíciles. Empieza con ejercicios básicos como flexiones, estocadas y dominadas, y luego pasa a variaciones más avanzadas como muscle-ups, pistol squats y handstand push-ups. Aumenta gradualmente la intensidad, el movimiento y la carga de trabajo para estimular progresivamente los músculos.

Repeticiones y series: para promover la hipertrofia muscular, es importante trabajar con una carga suficientemente elevada. Intenta realizar entre 8 y 12 repeticiones por serie, centrándote en una ejecución controlada y eficaz de cada movimiento. Elige un número razonable de series para desafiar a tus músculos, normalmente de 3 a 5 series por ejercicio.

Tiempo bajo tensión (TUT): El tiempo bajo tensión se refiere al tiempo total que los músculos están bajo tensión durante un ejercicio. Para favorecer el crecimiento muscular, es importante aumentar el tiempo bajo tensión. Puedes hacerlo ralentizando la ejecución de los movimientos y manteniendo la contracción muscular durante más tiempo. Por ejemplo, puedes ralentizar la fase excéntrica de un ejercicio como una flexión o una estocada.

Sobrecarga progresiva: para estimular el crecimiento muscular, es necesario aumentar constantemente la carga de trabajo de los músculos. En calistenia, puedes hacerlo mediante métodos como el aumento del peso corporal utilizado, el uso de bandas elásticas o la adición de pesos adicionales mediante mochilas o cinturones pesados. Por ejemplo, durante los ejercicios de tracción o empuje, puedes llevar un chaleco pesado para aumentar la intensidad y la carga sobre los músculos.

Recuperación y nutrición: aumentar la masa muscular requiere una recuperación y una nutrición adecuadas. Asegúrate de dar tiempo a tu cuerpo para que se recupere entre las sesiones de entrenamiento, de modo que tus músculos puedan reconstruirse y crecer. Además, asegúrate de ingerir suficientes proteínas, carbohidratos y grasas para favorecer la síntesis de proteínas musculares y proporcionar los nutrientes necesarios para el crecimiento muscular.

Variación del entrenamiento: para evitar la adaptación muscular y estimular constantemente el crecimiento, es importante variar el entrenamiento. Introduce nuevos ejercicios, variaciones y modos de progresión para estimular tus músculos y lograr mejores resultados.

Si sigues un programa adecuado, aplicas los principios de progresión, entrenas a la intensidad correcta y proporcionas a tu cuerpo descanso y nutrición suficientes, puedes aumentar la masa muscular con el entrenamiento calisténico. Esta disciplina brinda una amplia gama de ejercicios para diferentes grupos musculares que permiten una estimulación completa del cuerpo para el crecimiento muscular. Sin embargo, es importante saber que los resultados pueden variar de una persona a otra, dependiendo de factores como la genética, la nutrición y el compromiso con el entrenamiento.

Por último, es aconsejable trabajar con un profesional del entrenamiento experimentado o un entrenador de Calistenia para desarrollar un programa de entrenamiento personalizado basado en tus necesidades y objetivos. Un profesional puede ayudarte a encontrar ejercicios adecuados, crear una progresión apropiada y proporcionarte la orientación técnica adecuada para maximizar los resultados de musculación.

En resumen, la calistenia es un método eficaz para aumentar la masa muscular. Mediante la variación de los ejercicios, una nutrición adecuada, el descanso y la recuperación, así como el control del alcance y la intensidad del entrenamiento, la Calistenia como forma de entrenamiento puede lograr resultados significativos en la construcción muscular.

Desarrollo de la fuerza y la resistencia con el método de entrenamiento Calistenia

Dado que la calistenia se basa en utilizar el propio peso corporal como resistencia, es una forma excelente de desarrollar la fuerza funcional. De hecho, éste es el elemento clave y la base de esta disciplina. A través del movimiento constante, el cuerpo elabora movimientos fluidos y una musculatura bien definida. Los ejercicios calisténicos implican a varios grupos musculares simultáneamente, lo que permite fomentar una fuerza equilibrada y funcional en el cuerpo.

Para desarrollar la fuerza en esta disciplina, es importante elegir un enfoque progresivo y gradual. Esto significa que se empieza con ejercicios básicos y luego se aumenta gradualmente la intensidad y el nivel de dificultad. Por ejemplo, puedes empezar con flexiones de rodillas o dominadas con ayuda, y luego pasar a flexiones completas o dominadas sin ayuda.

Asimismo, para impulsar la fuerza, es importante hacer ejercicios dirigidos a los principales grupos musculares del cuerpo. Por ejemplo, ejercicios como las dominadas, las flexiones, las estocadas, las sentadillas y las planchas son excelentes para desarrollar la fuerza en las extremidades superiores e inferiores y en la parte media del cuerpo.

Además de la fuerza, la Calistenia también mejora la resistencia muscular, es decir, la capacidad de los músculos de soportar un esfuerzo más prolongado. En la Calistenia, esto se consigue mediante series repetidas de ejercicios con un elevado número de repeticiones.

Un aspecto importante en el desarrollo de la fuerza y la resistencia con la Calistenia es la correcta planificación del entrenamiento. Recomendamos completar un programa que incluya una combinación de ejercicios de fuerza y resistencia con diferentes intensidades, volúmenes y repeticiones. Un instructor o experto en entrenamiento puede ayudar a crear un programa personalizado que tenga en cuenta las habilidades y objetivos individuales.

Al mismo tiempo, es importante prestar atención a la correcta ejecución de los ejercicios para maximizar el impacto sobre la fuerza y la resistencia. Una técnica adecuada es esencial para garantizar una activación muscular apropiada y evitar lesiones. Una orientación técnica idónea por parte de un profesional puede ser de gran ayuda para garantizar la correcta ejecución de los ejercicios.

Por último, es importante incluir períodos de descanso y recuperación en el entrenamiento, para que el cuerpo pueda adaptarse a los estímulos y recuperarse adecuadamente. El descanso es importante para evitar el sobreentrenamiento y permitir que los músculos se reconstruyan y crezcan.

En resumen, la calistenia ofrece una forma excelente de desarrollar la fuerza y la resistencia. Con un enfoque progresivo, una programación adecuada, una ejecución correcta de los ejercicios y descansos suficientes, es posible lograr resultados significativos en términos de fuerza y resistencia con la Calistenia como forma de entrenamiento.

Mejorar la movilidad

La movilidad es un aspecto esencial de la Calistenia, ya que permite la correcta ejecución de los ejercicios, reduce el riesgo de lesiones y favorece una mayor libertad de movimientos. Una buena movilidad permite adoptar posturas más amplias y realizar ejercicios con una mayor extensión de movimiento, lo que puede aumentar la eficacia del entrenamiento.

Para mejorar la agilidad en Calistenia, se pueden utilizar varias estrategias. En primer lugar, es importante incluir ejercicios específicos en el programa de entrenamiento. Los ejercicios de estiramiento estático, como el estiramiento del pecho o la espalda, el estiramiento en mariposa, el estiramiento de los glúteos y el estiramiento de los tríceps, pueden realizarse antes y después del entrenamiento para mejorar la flexibilidad muscular.

Asimismo, pueden utilizarse ejercicios de movilidad articular para aumentar la amplitud de movimiento de las articulaciones implicadas en los ejercicios de Calistenia. Por ejemplo, ejercicios como las estocadas dinámicas y las rotaciones de la columna vertebral pueden ayudar a mejorar la movilidad y la elasticidad del cuerpo.

Es importante dedicar tiempo a cada ejercicio para que los músculos puedan relajarse y estirarse gradualmente. Mantén cada posición de estiramiento durante al menos 20-30 segundos y respira profundamente para favorecer la relajación muscular.

Además de los ejercicios de movilidad, puede utilizarse el entrenamiento progresivo para mejorar la movilidad en Calistenia. Por ejemplo, las variaciones avanzadas de ejercicios que requieren una mayor flexibilidad, como splits, puentes o planchas, pueden ayudar a estimular la elongación muscular y mejorar la flexibilidad con el tiempo.

Es notable saber que la flexibilidad es un proceso gradual que requiere perseverancia y paciencia.
Por último, es importante concentrarse en la técnica correcta al realizar ejercicios de Calistenia. Una técnica incorrecta puede limitar la movilidad y aumentar el riesgo de lesiones. Si prestas atención a realizar los ejercicios con una buena

postura, una alineación corporal adecuada y una respiración controlada, podrás mejorar tu flexibilidad y la ejecución de los ejercicios.

Cómo mejorar el equilibrio y la estabilidad

El equilibrio es un elemento crucial en la Calistenia, ya que permite mantener una postura estable y controlada durante los ejercicios. Con una buena estabilidad, ejercicios como las planchas, las flexiones y las sentadillas con pistola pueden realizarse con mayor facilidad y eficacia.

Existen varias estrategias para mejorar el equilibrio con la Calistenia. Una de las más importantes es la inclusión de ejercicios específicos de equilibrio en el programa de entrenamiento. Los ejercicios de equilibrio pueden efectuarse tanto estática como dinámicamente e implican controlar el cuerpo en posiciones inestables.

Un ejercicio habitual para mejorar el equilibrio es el "Equilibrio a una pierna", en el que se intenta mantener el equilibrio sobre una pierna durante un cierto tiempo. Este ejercicio puede complicarse cerrando los ojos o realizándolo sobre un soporte inestable, como un cojín o un acolchado.

Otro ejercicio eficaz es la parada de manos, en la que se intenta mantener el equilibrio el mayor tiempo posible. Este ejercicio requiere un alto nivel de estabilidad y control del cuerpo que requiere fuerza y estabilidad.

Para desarrollar el equilibrio, es importante entrenar los músculos estabilizadores del cuerpo, como los del tronco, las extremidades inferiores y la parte superior del cuerpo. Ejercicios como las planchas, las estocadas laterales y las dominadas pueden ayudar a fortalecer estos músculos y mejorar el equilibrio general.
Además, la práctica regular de yoga o pilates puede ser útil para mejorar el equilibrio en la calistenia. Estas disciplinas se centran en la alineación postural, la conciencia corporal y el control de la respiración, todos aspectos importantes para el equilibrio.

Es crucial saber que desarrollar el equilibrio requiere tiempo, paciencia y práctica constante. Si empiezas con ejercicios de equilibrio más sencillos y aumentas gradualmente el nivel de dificultad, podrás fortalecer una buena estabilidad con el tiempo.

Por último, siempre es importante prestar atención a la técnica correcta cuando se realizan ejercicios de calistenia que requieren equilibrio. Una buena postura, la alineación correcta del cuerpo y el control de la respiración pueden mejorar el equilibrio y aumentar la confianza al realizar los ejercicios.
El equilibrio es, por lo tanto, un aspecto fundamental de la calistenia. Mediante la inclusión de ejercicios específicos, el refuerzo de los músculos estabilizadores y la práctica regular, es posible mejorar el equilibrio general con la calistenia, lo que permite una mejor ejecución de los ejercicios y unos resultados de entrenamiento más satisfactorios.

Desarrollar la resistencia

La resistencia es un elemento clave de la calistenia, ya que permite realizar una serie de repeticiones de ejercicios sin cansarse demasiado rápido. Una buena resistencia te permite mantener un alto nivel de rendimiento durante el entrenamiento y llevar a cabo más series y repeticiones.

Para mejorar la resistencia se pueden aplicar varias estrategias. Una de las más importantes es incluir en el entrenamiento ejercicios de alta intensidad, pesos bajos y un elevado número de repeticiones. Este tipo de entrenamiento favorece el desarrollo de la resistencia muscular y cardiovascular.

Por ejemplo, ejercicios como flexiones, dominadas, sentadillas y estocadas pueden realizarse en secuencias de alta intensidad, alternando los distintos ejercicios sin pausas más largas. Este tipo de entrenamiento, denominado entrenamiento en circuito, permite una estimulación completa del sistema muscular y cardiovascular.

Otro enfoque para desarrollar la resistencia en Calistenia es el entrenamiento por intervalos. Se realizan sesiones cortas de entrenamiento intensivo, seguidas de fases de recuperación activa o completa. Por ejemplo, puedes alternar ejercicios de alta intensidad como burpees, escaladores y saltos de tijera, seguidos de breves periodos de recuperación.

También puedes realizar un entrenamiento basado en el tiempo, en el que realices los ejercicios durante un determinado periodo de tiempo, intentando mantener un ritmo constante y haciendo el mayor número de repeticiones posible. Este tipo de entrenamiento ayuda a mejorar la resistencia muscular y la capacidad de mantener el esfuerzo durante más tiempo.

Es importante recordar que el desarrollo de la resistencia requiere una progresión gradual. Empieza con un número razonable de repeticiones y una intensidad adecuada y auméntala con el tiempo. De este modo, el cuerpo puede adaptarse gradualmente al entrenamiento y se reduce el riesgo de lesiones.

Además de los ejercicios específicos, es importante prestar atención a la nutrición y la hidratación. Una dieta correcta con una proporción equilibrada de nutrientes y una hidratación adecuada durante el entrenamiento son factores clave para mantener la resistencia física y lograr resultados óptimos.
Por último, para el desarrollo de la resistencia en Calistenia, es esencial tomarse tiempo para descansar y recuperarse. Las pausas de descanso permiten que el cuerpo se regenere y se adapte al entrenamiento, lo que permite un mejor rendimiento y evita la aparición de la fatiga y el sobreentrenamiento.

El desarrollo de la resistencia durante el entrenamiento de Calistenia es un requisito previo para realizar ejercicios más intensos y de mayor duración. Es posible potenciar la resistencia general y es muy satisfactorio conseguir mejores resultados durante el entrenamiento de Calistenia.

Mejorar la movilidad articular con la calistenia

La flexibilidad es un aspecto importante de la calistenia, ya que permite realizar ejercicios con una amplia gama de movimientos, favorece una mejor postura y reduce el riesgo de tensiones musculares y lesiones.

Se pueden utilizar varias estrategias para mejorar la movilidad durante el entrenamiento calisténico. Una de las más importantes es la inclusión de ejercicios de estiramiento estático en la rutina de entrenamiento. Durante el estiramiento estático, los músculos se estiran en una posición que se mantiene durante cierto tiempo para que puedan relajarse y alargarse gradualmente.

Algunos ejemplos de ejercicios de estiramiento estático adecuados para la Calistenia son la "sentadilla sostenida", en la que te pones en cuclillas y preservas la posición durante 30-60 segundos, el "estiramiento a horcajadas", en el que abres las piernas en posición dividida y guardas la posición 30-60 segundos, y el "estiramiento de pecho", en el que estiras los brazos y el pecho manteniendo la posición 30-60 segundos.

Es importante realizar correctamente los ejercicios de estiramiento estático sin sobrecargar los músculos. Se recomienda calentar antes de empezar a estirar y respirar profundamente durante el estiramiento para favorecer la relajación muscular.

Además de los estiramientos estáticos, es útil incluir en el programa ejercicios de movilidad articular. La movilidad articular incluye el movimiento controlado de las articulaciones en toda su amplitud de movimiento. Los ejercicios de movilidad articular pueden ayudar a mejorar la flexibilidad y la estabilidad de las articulaciones implicadas en los ejercicios de calistenia.

Por ejemplo, ejercicios como el "Cat-Camel-Stretch" para la columna vertebral y la rotación de hombros y caderas pueden utilizarse para implementar la movilidad articular y favorecer una mejor ejecución de los ejercicios de calistenia.

Además, es importante mejorar gradualmente la flexibilidad. Empieza con ejercicios básicos de estiramiento y agilidad y aumenta la intensidad y la duración de los estiramientos con el tiempo.

La estabilidad es un elemento clave para mejorar la movilidad en Calistenia. Durante cada sesión de entrenamiento, se recomienda dedicar un tiempo específico a los estiramientos y la agilidad y hacer de la recuperación activa una parte integral de la rutina para contribuir a la recuperación muscular y la flexibilidad general.

Errores que hay que evitar en la calistenia

Falta de calefacción

Un calentamiento insuficiente antes del entrenamiento de Calistenia es un error común que puede afectar al rendimiento, aumentar el riesgo de lesiones y limitar los resultados del entrenamiento. El calentamiento es importante para preparar el cuerpo y la mente para una actividad física intensa. A continuación se indican algunos puntos a tener en cuenta en este error:

Aumento de la temperatura corporal: El calentamiento tiene como objetivo aumentar la temperatura corporal y la circulación sanguínea, lo que se traduce en un mejor flujo de oxígeno y nutrientes a los músculos. Esto favorece la lubricación de las articulaciones, refuerza la elasticidad del tejido muscular y los tendones, y prepara el cuerpo para actividades físicas de alta intensidad.

Preparación muscular: el calentamiento sirve para activar los músculos que se ejercitarán durante el entrenamiento. Los ejercicios de movilidad y los movimientos específicos pueden preparar los músculos para la actividad siguiente. En Calistenia, por ejemplo, puede ser útil realizar ejercicios dinámicos de estiramiento para alargar los principales músculos implicados, como los hombros, la espalda, los brazos, las piernas y el tronco.

Mejora del rendimiento: Un calentamiento adecuado puede mejorar el rendimiento durante el entrenamiento. El aumento gradual de intensidad y amplitud de los movimientos durante el calentamiento permite que el cuerpo se adapte progresivamente a la actividad física posterior. Esto ayuda a mejorar la fuerza, la resistencia y la coordinación en los ejercicios de Calistenia.

Reducción del riesgo de lesiones: un calentamiento adecuado puede ayudar a prevenir lesiones musculares, tendinosas y articulares. El aumento de la temperatura corporal y la mejora de la elasticidad de los tejidos reducen la carga y la tensión en músculos y articulaciones, haciendo menos probables los esguinces, los desgarros musculares u otras lesiones relacionadas con el entrenamiento.

Preparación mental: El calentamiento no sólo afecta al cuerpo, sino también a la mente. Dedicar tiempo a centrarse mentalmente en el entrenamiento que se va a realizar, visualizar los movimientos y prepararse mentalmente para el esfuerzo físico puede ayudar a mejorar la concentración y la motivación durante el entrenamiento.

Es importante realizar al menos 10-15 minutos de calentamiento completo antes del entrenamiento de Calistenia. Esto puede incluir ejercicios dinámicos de estiramiento, ejercicios de movilidad articular, ejercicios de activación muscular y movimientos específicos para preparar adecuadamente el cuerpo. Además, siempre es aconsejable consultar a un entrenador profesional o a un profesor de Calistenia para obtener una orientación personalizada basada en su nivel de forma física y sus objetivos.

Técnica incorrecta durante los ejercicios

Una técnica correcta es esencial en gimnasia para lograr resultados óptimos y evitar lesiones. Los errores en la técnica del ejercicio pueden comprometer a menudo la eficacia del movimiento y poner en peligro la seguridad del deportista.

Aquí hay algunos puntos importantes a tener en cuenta para garantizar una técnica correcta durante la gimnasia:

Alineación corporal: es importante mantener una buena alineación corporal durante los ejercicios. Asegúrate que la columna vertebral esté en posición neutra, los hombros relajados y las rodillas no sobresalgan más allá de los dedos de los pies. Una alineación correcta reduce el riesgo de lesiones y optimiza la eficacia del ejercicio.

Control del tronco: el tronco, formado por los músculos abdominales, dorsales y pélvicos, es crucial para la estabilidad y el control del cuerpo durante los ejercicios de calistenia. Asegúrate de activar y estirar adecuadamente el tronco con cada movimiento, estirando ligeramente el abdomen y manteniendo la espalda recta.

Máxima amplitud de movimiento: intenta realizar los ejercicios con una amplia amplitud de movimiento, aprovechando al máximo la extensibilidad y flexibilidad de las articulaciones. Evita los movimientos parciales o restringidos que pueden limitar los beneficios del ejercicio y aumentar el riesgo de desequilibrios musculares.

Respiración correcta: una respiración correcta durante los ejercicios es importante para mantener un buen control y estabilidad. Intenta respirar de forma regular y controlada, espirando durante la fase de tensión y espirando durante la fase de relajación.

Aumento gradual: es esencial aumentar gradualmente los niveles de dificultad de los ejercicios de Calistenia.
No intentes movimientos avanzados hasta que hayas adquirido una buena base de fuerza y control. Comienza con variaciones más sencillas de los ejercicios y aumenta gradualmente la complejidad y la intensidad a medida que mejores tu destreza.

Supervisión y feedback: la supervisión por parte de un entrenador experimentado o un profesor de Calistenia puede ser extremadamente útil para garantizar una técnica correcta. Un ojo entrenado puede detectar errores en tu ejecución y darte información valiosa para mejorar.

Grabación en vídeo: otra herramienta útil para evaluar la técnica es grabar las sesiones de entrenamiento. Utiliza un smartphone o una cámara para grabarte durante el entrenamiento y luego evalúa cuidadosamente tu forma. Puedes anotar los errores que debas corregir o las técnicas que puedas mejorar.
La técnica adecuada en los ejercicios de Calistenia requiere tiempo, práctica y conciencia corporal. Tómate tu tiempo para aprender y perfeccionar la técnica básica antes de pasar a ejercicios más complejos. Realizar los ejercicios correctamente no solo maximiza tus resultados, sino que también te ayuda a prevenir lesiones y a mejorar tu forma física general.

Sobreentrenamiento
Abordaremos el riesgo del sobreentrenamiento en Calistenia y la importancia de una planificación adecuada del descanso y la recuperación para evitar lesiones y lograr resultados óptimos.

La calistenia es una actividad física intensa que requiere mucho esfuerzo y compromiso. Sin embargo, es importante encontrar un equilibrio entre el entrenamiento y la recuperación para garantizar el éxito a largo plazo y evitar el agotamiento físico y mental.

A continuación se indican algunos puntos importantes que hay que tener en cuenta para evitar el sobreentrenamiento durante la gimnasia:

Planifica tu programa de entrenamiento: es importante desarrollar un programa de entrenamiento bien estructurado que incluya fases de intensidad y amplitud adecuadas, días de recuperación o actividades de baja intensidad. Encuentra el equilibrio adecuado entre entrenamiento y recuperación, teniendo en cuenta tu nivel de forma física, tus objetivos y tu capacidad de recuperación.

Escucha a tu cuerpo: presta atención a las señales que te envía tu cuerpo. Si te sientes cansado y agotado o tienes dolores musculares persistentes, podría ser un signo de sobreentrenamiento. Presta atención a las señales de tu cuerpo y tómate tiempo para descansar y recuperarte cuando lo necesites.

Descanso activo: descansar no significa necesariamente quedarse completamente quieto y no hacer nada. El descanso activo también puede ser una estrategia eficaz para favorecer la recuperación. Puedes realizar actividades de baja intensidad como yoga, estiramientos, caminatas ligeras o ejercicios de movilidad para estimular la circulación sanguínea, aliviar la tensión muscular y facilitar la recuperación.

Sueño de buena calidad: el sueño es un elemento clave de la recuperación. Asegúrate de dormir bien y con calidad todas las noches. Durante el sueño, el cuerpo se regenera y repara, permitiendo que los músculos y los tejidos se recuperen de los esfuerzos del entrenamiento.

Nutrición adecuada: una dieta equilibrada y rica en nutrientes es esencial para el entrenamiento y la recuperación durante el entrenamiento calisténico. Asegúrate de ingerir una variedad de nutrientes, como hidratos de carbono, proteínas, grasas saludables, vitaminas y minerales, para favorecer la recuperación muscular y la salud en general.

Reducción de la intensidad: es importante incluir periódicamente fases de reducción de la intensidad en el entrenamiento. Estos períodos permiten al cuerpo recuperarse, adaptarse y regenerarse mejor. Puedes planificar semanas de bajo tonelaje y volumen reduciendo la intensidad o el volumen de los ejercicios para que el cuerpo pueda restablecerse y adaptarse de forma óptima.

Variación del entrenamiento: evita la monotonía durante el entrenamiento variando los movimientos, las secuencias y los objetivos. La variedad puede ayudar a prevenir el desgaste mental y físico, mantener alta la motivación y estimular el cuerpo de diferentes maneras.

Asesoramiento profesional: si tienes dudas sobre la planificación de tu programa de entrenamiento o la recuperación adecuada, debes ponerte en contacto con un profesional del fitness con experiencia o un entrenador de Calistenia. Ellos podrán ofrecerte un asesoramiento personalizado basado en tus necesidades y objetivos específicos.

Evitar el sobreentrenamiento con Calistenia es clave para mantener la salud, mejorar el rendimiento y lograr resultados duraderos. Respeta tu cuerpo, planifica tu entrenamiento de forma inteligente y haz de la recuperación una prioridad para maximizar los beneficios de la Calistenia.

Recuperación insuficiente

Una recuperación correcta es crucial para el éxito de la Calistenia. Durante el entrenamiento, el cuerpo se sobrecarga y se producen microlesiones en el tejido muscular. En la fase de descanso, tu cuerpo repara y fortalece los músculos, para que puedas conseguir mejores resultados a largo plazo.

A continuación se ofrecen algunos consejos para evitar errores relacionados con una recuperación insuficiente en Calistenia:

Descansos demasiado cortos entre las sesiones de entrenamiento: planifica días de descanso regulares entre las sesiones de entrenamiento. Así tu cuerpo podrá recuperarse, reparar los tejidos dañados y fortalecerse. Evita entrenar los mismos grupos musculares varios días seguidos, dándoles tiempo para recuperarse. Recomendamos 48 horas.

Sueño suficiente: el sueño es fundamental para la recuperación muscular, la reparación de los tejidos y la recuperación de energía. Intenta dormir al menos 7-9 horas de calidad cada noche. Proporciona un entorno favorable para dormir en una habitación oscura con una temperatura fresca y una cama cómoda.

Dieta equilibrada: una dieta sana y equilibrada brinda al organismo los nutrientes que necesita para la recuperación y la reconstrucción muscular. Asegúrate de ingerir suficientes proteínas para favorecer la síntesis de proteínas musculares, hidratos de carbono para restablecer las reservas de glucógeno y grasas saludables para el suministro de energía.

Actividades de recuperación activa: además del reposo, puedes incluir en tu rutina actividades de recuperación activa, como estiramientos, relajación muscular, movimientos articulares y respiración. Estas actividades favorecen la circulación sanguínea, disminuyen la tensión muscular y ayudan a la recuperación.

Gestión del estrés: el estrés crónico puede afectar negativamente a la recuperación y el rendimiento de la calistenia. Busca formas saludables de controlar el estrés, como la meditación, el yoga, la lectura o escuchar música relajante. Practica también la gestión diaria del estrés con técnicas como la respiración profunda y la relajación muscular.

Evita el sobreentrenamiento: el sobreentrenamiento puede provocar fatiga crónica, lesiones y una disminución del rendimiento. Presta atención a las señales de tu cuerpo y no entrenes en exceso. Mantén un equilibrio entre la intensidad y la duración de las sesiones de entrenamiento y deja margen para la recuperación.

Escucha a tu cuerpo: cada persona tiene necesidades individuales de recuperación; escucha a tu cuerpo y responde a tus necesidades. Si te sientes cansado y desmotivado, puede ser señal de que necesitas más tiempo de recuperación. Respeta tus límites y no temas tomarte el tiempo necesario para recuperarte adecuadamente.
Una recuperación adecuada en Calistenia es crucial para mejorar la fuerza, la resistencia y el rendimiento general.
Cuida tu cuerpo, dale el tiempo de recuperación necesario y experimentarás los mejores resultados de entrenamiento.

Falta de progresión y variedad de ejercicios

Una de las claves para conseguir resultados con la Calistenia es el aumento gradual de los ejercicios. Progresión significa que el nivel de dificultad e intensidad de los ejercicios aumenta gradualmente con el tiempo. Así, tu cuerpo puede adaptarse progresivamente y desarrollar fuerza y destreza.

A continuación se indican algunos errores comunes que deben evitarse en términos de progresión y variabilidad en el entrenamiento calisténico:

Saltarse los niveles de progresión: muchas personas son impacientes y tienden a saltarse los primeros niveles de progresión. Por ejemplo, intentan hacer dominadas instantáneas sin desarrollar primero la fuerza necesaria. Esto puede aumentar el riesgo de lesiones e impedir una progresión eficaz. Asegúrate de progresar gradualmente, empezando con ejercicios básicos y continuando sólo con fuerza y control crecientes.

No variar los ejercicios: es importante introducir variedad en el programa de entrenamiento y modificar los ejercicios. Si te limitas siempre a los mismos ejercicios, tu cuerpo se adaptará y puede llegar a un punto muerto fisiológico. Experimenta con variaciones de los ejercicios, por ejemplo cambiando el ángulo, la amplitud de movimiento o utilizando equipos adicionales para estimular los músculos de nuevas formas.

No trabajes tus puntos débiles: todas las personas tienen puntos débiles y áreas en las que deben centrarse para mejorar. Ignorar estos puntos débiles puede limitar tu progreso en la gimnasia. Identifica tus puntos débiles y registra ejercicios específicos sobre ellos. Por ejemplo, si tienes dificultades con las flexiones, podrías dedicar tiempo a mejorar la fuerza de los hombros o la estabilidad del tronco.

Controla tus progresos: es importante controlar tus progresos en el entrenamiento calisténico para asegurarte de que mejoras constantemente. Lleva un registro de los ejercicios que realizas, el número de repeticiones y las variaciones que aplicas. De este modo podrás ver tus progresos y, si es necesario, modificar tu programa de entrenamiento.

No adaptes el programa a tus objetivos: si persigues objetivos específicos de Calistenia, como aumentar la fuerza, mejorar la hipertrofia muscular o desarrollar la resistencia, es importante que adaptes tu programa de entrenamiento en consecuencia. Asegúrate de elegir los ejercicios y el modo de progresión que mejor se adapten a tus objetivos.

Descuidar la forma y la técnica: La forma y la técnica correctas son esenciales para evitar lesiones y maximizar los resultados. Asegúrate de realizar los ejercicios correctamente manteniendo una buena postura, suficiente estabilidad y un control total del movimiento. Si es necesario, trabaja con un entrenador cualificado para aprender la técnica correcta de los ejercicios.

La progresión gradual y una variabilidad suficiente del entrenamiento son la clave del éxito. Evita los errores comunes enumerados anteriormente y asegúrate de seguir un programa de entrenamiento bien estructurado que tenga en cuenta los principios de progresión y variabilidad para conseguir los mejores resultados posibles.

Falta de supervisión y asesoramiento profesional adecuados

La calistenia requiere un buen conocimiento de la técnica y la forma correcta de los ejercicios, así como una progresión y programación adecuadas para alcanzar los objetivos. A continuación se exponen algunos errores comunes debidos a la falta de apoyo y asesoramiento profesional en Calistenia:

Ejecución incorrecta del ejercicio: sin la supervisión adecuada, se puede caer fácilmente en una mala técnica de ejercicio. Esto puede provocar lesiones, ralentizar el progreso y afectar a los resultados deseados. Es importante trabajar con un instructor cualificado o un entrenador experimentado que te guíe en la correcta ejecución de los ejercicios y corrija los errores técnicos.

Sin una secuencia estructurada: la secuencia de los ejercicios de Calistenia es crucial para conseguir resultados. Sin un programa adecuado, puedes realizar los mismos ejercicios repetidamente sin conseguir mejoras significativas. Un profesional con experiencia puede ayudarte a desarrollar una secuencia estructurada para que puedas progresar de forma gradual y segura.

Falta de adaptación del programa de entrenamiento: cada persona tiene necesidades y capacidades diferentes y lo que es bueno para una no es necesariamente adecuado para otra. Si trabajas con un experto en calistenia, podrás adaptar tu programa de entrenamiento a tus necesidades, objetivos y niveles de forma física específicos. De este modo, puedes maximizar los resultados y reducir el riesgo de lesiones.

No tener en cuenta el impacto de la prueba de esfuerzo: La calistenia se basa en el impacto de la prueba de esfuerzo, es decir, en el aumento gradual de la resistencia o la dificultad de los ejercicios a lo largo del tiempo. Sin la supervisión adecuada, se puede caer en la trampa de realizar siempre el mismo número de repeticiones o la misma variación de ejercicios sin aumentar. Un profesional puede ayudarte a determinar la carga adecuada y a planificar el aumento gradual para estimular continuamente tus músculos y lograr resultados duraderos.

Falta de motivación y responsabilidad: a veces, entrenar solo puede provocar falta de motivación y responsabilidad. Trabajar con un entrenador o un grupo de personas que persiguen los mismos objetivos puede ayudarte a mantener la motivación, seguir tu programa de entrenamiento y superar los obstáculos que puedan surgir en el camino.

El apoyo y el asesoramiento profesional son esenciales en Calistenia para lograr los mejores resultados en términos de forma física, progreso y seguridad. No dudes en ponerte en contacto con un profesional cualificado que pueda acompañarte en tu trayectoria de entrenamiento y adaptar el programa a tus necesidades y objetivos específicos.

Falta de paciencia y perseverancia

La calistenia es un deporte que requiere tiempo, dedicación y perseverancia. Aquí hay algunos errores comunes relacionados con la falta de paciencia y perseverancia:

Esperar resultados inmediatos: mucha gente empieza con la calistenia y espera resultados inmediatos. Sin embargo, el desarrollo de la fuerza, la resistencia y la musculatura requiere tiempo. Es importante darse cuenta de que los resultados de la Calistenia son progresivos y requieren un compromiso constante durante un largo periodo de tiempo.

Saltarse la fase de aprendizaje: En Calistenia es importante tomarse el tiempo necesario para aprender correctamente la técnica y la forma de los ejercicios. Quitar esta fase puede provocar errores de ejecución y posibles lesiones. Es importante adquirir una base sólida de conocimientos y habilidades mediante el aprendizaje gradual y la práctica repetida.

Centrarse exclusivamente en el resultado externo: la calistenia no sólo tiene que ver con la apariencia, sino también con el desarrollo de la fuerza, la flexibilidad y el control corporal. Focalizarse exclusivamente en la apariencia externa puede conducir a una falta de satisfacción y motivación a largo plazo. También es importante celebrar las pequeñas progresiones y celebrar los avances en fuerza, resistencia y habilidades técnicas.

Rendirse ante las dificultades: en Calistenia siempre habrá momentos de desafío y frustración. Es posible que te encuentres con ejercicios que parecen imposibles de realizar o de alcanzar un nivel de progreso. Es crucial mantener la perseverancia y ver las dificultades como oportunidades de crecimiento. La perseverancia en la superación de obstáculos te ayudará a alcanzar niveles más altos de rendimiento en el entrenamiento de Calistenia.

No te tomas el tiempo necesario para evaluar y adaptar tu programa de entrenamiento: en Calistenia es importante evaluar regularmente tus progresos y adaptar tu programa de entrenamiento en consecuencia. Si te quedas estancado o no observas mejoras significativas, puede que necesites cambiar la intensidad, la variedad de ejercicios o el volumen de entrenamiento. La paciencia y la capacidad de adaptarse a las necesidades del cuerpo son esenciales para progresar.

La paciencia y la perseverancia son fundamentales para lograr resultados duraderos y alcanzar tus objetivos. No dejes que los retos y los progresos lentos te desanimen. Recuerda que la calistenia es un camino de crecimiento personal y que cada pequeño paso cuenta. Sé paciente, persevera y confía en tu camino y los resultados se harán realidad.

Calistenia frente a entrenamiento de fuerza

La calistenia y el entrenamiento de fuerza son dos enfoques diferentes para mejorar la fuerza y la forma física. Veamos las principales características de ambos:

Calistenia:

- El peso corporal se utiliza como resistencia principal durante los ejercicios.
- Los ejercicios se basan en movimientos funcionales y naturales, como dominadas, flexiones, sentadillas y estocadas.
- Favorece el desarrollo del equilibrio, la coordinación y la flexibilidad.
- Puede practicarse en cualquier lugar sin necesidad de equipos especiales ni de acudir a un gimnasio.
- Ofrece una amplia gama de ejercicios y progresiones para diferentes niveles de forma física.
- Estimula varios grupos musculares simultáneamente y mejora la estabilidad y la fuerza general.
- Requiere dominio del movimiento y buena técnica para lograr resultados eficaces.
- Puede ser adecuada para quienes buscan un entrenamiento funcional y dinámico sin perseguir el objetivo de desarrollar una gran masa muscular.

Entrenamiento de fuerza:

- Utiliza pesos externos como mancuernas, pesas y máquinas para crear resistencia durante los ejercicios.
- Es posible aislar determinados grupos musculares para desarrollarlos de forma específica.
- Favorece el aumento de la masa muscular y la fuerza, especialmente cuando se aplica un protocolo de levantamiento de pesas progresivo.
- Ofrece una mayor posibilidad de variar la intensidad y la carga de trabajo en función de las necesidades y los objetivos individuales.
- Requiere acceso a un gimnasio o a un entorno adecuado con equipamiento especial.
- Es importante aprender la técnica correcta y la seguridad al realizar los ejercicios para evitar lesiones.
- Puede ser adecuado para quienes deseen lograr un aumento significativo de la masa muscular o centrarse en determinados grupos musculares.

Ambos enfoques tienen sus ventajas y pueden integrarse en un programa global. La elección depende de las preferencias personales, los objetivos individuales y los recursos disponibles. Algunas personas optan por una combinación de calistenia y entrenamiento de fuerza para lograr un equilibrio entre desarrollo muscular, fuerza y funcionalidad.

Calistenia frente a entrenamiento corporal libre

La calistenia y el entrenamiento de cuerpo libre son dos enfoques similares basados en el uso del peso corporal como resistencia principal. Veamos las principales características de ambos:

Calistenia:

- Es una disciplina que incluye una amplia gama de ejercicios de cuerpo libre, como dominadas, flexiones, sentadillas, estocadas y muchas otras variantes.
- Se hace hincapié en los movimientos funcionales que responden a varios grupos musculares simultáneamente.
- Favorece el equilibrio, la coordinación y la flexibilidad, así como la fuerza y la resistencia muscular.
- La calistenia ofrece una amplia gama de ejercicios y progresiones que permiten adaptar el entrenamiento a diferentes niveles de forma física y objetivos.
- Puede practicarse en cualquier lugar sin necesidad de equipos especiales ni de acudir a un gimnasio.
- Requiere una buena técnica y control del movimiento para lograr resultados eficaces.
- Puede ser adecuada para quienes buscan un entrenamiento funcional y dinámico sin perseguir el objetivo de desarrollar una gran masa muscular.

Entrenamiento corporal libre:

- El entrenamiento de cuerpo libre es un método de entrenamiento en el que se utiliza el propio peso corporal como resistencia sin ayuda de equipos o máquinas.
- Los ejercicios de cuerpo libre pueden incluir flexiones, dominadas, flexiones de brazos, sentadillas, estocadas, planchas y muchas otras variaciones.
- El objetivo principal del entrenamiento de cuerpo libre es el desarrollo de la fuerza, la resistencia muscular y la tensión corporal.
- El entrenamiento de cuerpo libre permite realizar una amplia gama de ejercicios con diferentes grupos musculares.
- Puede practicarse en cualquier lugar sin necesidad de equipos especiales ni de acudir a un gimnasio.
- Requiere una buena técnica y control del movimiento para lograr resultados eficaces.
- Puede ser adecuado para quienes buscan un entrenamiento funcional sin el objetivo de desarrollar una gran masa muscular.

Ambos enfoques ofrecen importantes beneficios para la fuerza, la resistencia y la forma física en general. La elección entre la calistenia y el entrenamiento corporal libre depende de las preferencias personales, los objetivos individuales y los recursos disponibles. Ambos pueden mejorar eficazmente la fuerza muscular, el equilibrio y la coordinación. Los dos enfoques pueden integrarse en un programa de entrenamiento completo para conseguir más variedad y estimulación muscular.

Calistenia y meditación

La calistenia y la meditación son dos prácticas que, a pesar de tener objetivos y enfoques diferentes, pueden complementarse para proporcionar beneficios tanto físicos como mentales. Veamos en detalle cómo se relacionan estas dos disciplinas y cómo pueden enriquecer tu práctica.

La calistenia se centra en el entrenamiento de fuerza con el propio peso corporal como resistencia. Los ejercicios calisténicos como las dominadas, las flexiones, las estocadas y los ejercicios de equilibrio requieren concentración, coordinación y control corporal. El principal objetivo de la calistenia es el desarrollo de la fuerza, la resistencia muscular, la flexibilidad y la agilidad.

La meditación, por su parte, es una práctica que se centra en percibir el momento presente y observar los pensamientos, sentimientos y emociones. A través de la meditación se busca cultivar una mente tranquila, centrada y equilibrada, aliviar el estrés y aumentar el bienestar mental.

A pesar de las diferencias obvias, la calistenia y la meditación pueden integrarse sinérgicamente, así es como funciona:

Conciencia corporal: la calistenia y la meditación fomentan la conciencia corporal. En la calistenia, la concentración en el movimiento y la postura corporal durante los ejercicios fomenta la conciencia corporal. La meditación se centra en las sensaciones del cuerpo, de modo que se desarrolla una mayor conciencia de las señales corporales.

Concentración mental: ambos ejercicios requieren concentración mental. En Calistenia, centrarse en la correcta ejecución de los ejercicios y superar las limitaciones físicas requiere una mente concentrada. La meditación desarrolla la capacidad de centrar la atención en un objeto concreto, como la respiración o una palabra o frase repetida, lo que aumenta la claridad mental y la capacidad de concentración.

Gestión del estrés: la calistenia y la meditación pueden ayudar a reducir el estrés y promover el bienestar mental. Los ejercicios intensivos de Calistenia pueden aliviar tensiones y miedos acumulados en el cuerpo, mientras que la meditación ayuda a cultivar la conciencia y la calma interior, aliviar el estrés y mejorar la gestión emocional.

Presencia en el momento presente: tanto la calistenia como la meditación invitan a estar presente en el momento presente. La calistenia se centra en realizar correctamente los ejercicios sin distraerse con pensamientos o preocupaciones. En la meditación, se practica la presencia y la percepción de lo que ocurre en el momento presente, sin juzgar ni intentar controlar los pensamientos.

Integración del cuerpo y la mente: la calistenia y la meditación favorecen la integración del cuerpo y la mente. En la calistenia, los movimientos fluidos y coordinados requieren armonía entre cuerpo y mente. La meditación desarrolla la conciencia de la conexión entre mente y cuerpo, reconociendo la influencia mutua de ambos.

Es importante señalar que la meditación no tiene que realizarse necesariamente al mismo tiempo que el entrenamiento de Calistenia. Puede realizarse en un momento separado, quizás antes o después del entrenamiento, para obtener los beneficios mentales específicos de la meditación.

En resumen, la calistenia y la meditación pueden incorporarse sinérgicamente para mejorar el bienestar físico y mental. Ambas prácticas fomentan la atención plena, la concentración mental y la gestión del estrés. La combinación de estas dos disciplinas puede conducir a una práctica más completa y gratificante que permita desarrollar un cuerpo fuerte y móvil y una mente tranquila y equilibrada.

Calistenia para la salud mental: beneficios psicológicos

La calistenia no sólo ofrece beneficios físicos, sino que también puede tener un impacto significativo en la salud mental y el bienestar. Estos son algunos de los beneficios psicológicos que puede proporcionar la calistenia:

Reducción del estrés: se ha demostrado que el ejercicio, incluida la calistenia, tiene un impacto significativo en la salud mental y puede ser una estrategia eficaz para reducir el estrés y la ansiedad.

Durante una actividad física como la calistenia, el cuerpo libera endorfinas, neurotransmisores conocidos por su efecto positivo sobre el bienestar psicológico. Las endorfinas actúan como analgésicos naturales y mejoran el estado de ánimo transmitiendo una sensación de euforia y bienestar. Esto puede ayudar a reducir el estrés acumulado durante el día y aliviar la ansiedad.

Además, la calistenia puede brindar una forma de "liberación" de las emociones negativas acumuladas. Durante el entrenamiento, podemos transformar las tensiones y los miedos en movimientos físicos intensos y concentrados. Esto nos permite liberar las tensiones acumuladas en el cuerpo y la mente y crear una sensación de alivio y ligereza.

Los estudios científicos han demostrado la eficacia del ejercicio para aliviar el estrés y la ansiedad. Por ejemplo, una revisión sistemática publicada en 2019 examinó 16 estudios clínicos y concluyó que el ejercicio, incluida la calistenia, puede reducir significativamente los síntomas de ansiedad. Asimismo, un estudio de 2018 descubrió que el ejercicio puede ser tan efectivo para disminuir la ansiedad como las intervenciones psicológicas.

Además de liberar endorfinas, la Calistenia también puede promover la liberación de otras sustancias químicas en el cerebro que tienen un efecto positivo sobre el bienestar mental. Por ejemplo, se estimula la producción de serotonina, un neurotransmisor que regula el estado de ánimo y transmite una sensación de calma y felicidad.

Un ejemplo práctico sería una persona que participa en una sesión de entrenamiento calisténico después de un día estresante en el trabajo. Durante el entrenamiento, la persona que se concentra en diferentes movimientos y persigue nuevos objetivos puede experimentar una reducción de los niveles de estrés y una mejora del estado de ánimo. Al final del entrenamiento, uno se siente más relajado, satisfecho y preparado para afrontar los retos diarios de forma más positiva.

En resumen, la calistenia ofrece una forma única de bajar el estrés y la ansiedad a través del movimiento. Al liberar endorfinas, serotonina y otros beneficios fisiológicos, la Calistenia puede ayudar a mejorar el bienestar mental y promover una sensación de calma y felicidad.

Aumento de la autoestima y la confianza en uno mismo: veamos cómo puede contribuir la Calistenia a este proceso de crecimiento personal:

Superación de retos: la calistenia requiere enfrentarse y superar diversos retos físicos. Por ejemplo, puede resultar difícil hacer una serie de flexiones sobre las manos o realizar varias dominadas en la barra. Sin embargo, mediante la práctica constante y la voluntad de mejorar tus habilidades, podrás superar estos retos. Cada vez que superas un obstáculo, aumentas la confianza en ti mismo y fomentas la autoestima. Esto te lleva a ser más consciente de tus propias capacidades y a tener la convicción de que puedes alcanzar metas ambiciosas.

Progreso visible: Una de las ventajas de la Calistenia es que los resultados son visibles en el cuerpo y las capacidades físicas. A través de un entrenamiento constante, se pueden observar mejoras en la fuerza, el equilibrio, la flexibilidad y la definición muscular. Este progreso tangible ayuda a aumentar la autoestima y la confianza en uno mismo. La certeza de poder realizar un ejercicio que antes parecía imposible o de haber alcanzado una forma física deseada conduce a una mayor confianza en las propias capacidades.

Rendimiento personal: la consecución de objetivos en Calistenia provoca una sensación de logro personal. Por ejemplo, puede tratarse de la capacidad de realizar un determinado ejercicio avanzado, como el muscle-up, o de subir el tiempo personal de suspensión en la barra. Estos logros no sólo aumentan la confianza en uno mismo, sino que también generan orgullo. Saber que has invertido tiempo, esfuerzo y perseverancia para alcanzar estos objetivos eleva la confianza en tus propias capacidades.

Comunidades de apoyo: la calistenia ofrece un entorno social en el que los entusiastas de la calistenia pueden compartir sus experiencias, apoyarse mutuamente y celebrar sus éxitos. Las comunidades en línea o los grupos de entrenamiento fuera de línea pueden proporcionar apoyo moral y estímulo para la superación personal. Interactuar con otras personas que comparten la misma pasión y los mismos objetivos ayuda a crear un sentimiento de pertenencia y confianza en el propio camino.

Transferencia de habilidades: las experiencias de éxito y la confianza en uno mismo adquiridas con la Calistenia pueden repercutir positivamente en otros ámbitos de la vida. La disciplina, el compromiso y la determinación desarrollados durante el entrenamiento pueden transferirse a ámbitos como el trabajo, los estudios o las relaciones personales. Esta confianza en uno mismo y la capacidad para hacer frente a los retos se reflejan en la autoestima general y en la vida cotidiana.

En última instancia, la calistenia puede ayudar a aumentar la autoestima y la confianza en uno mismo gracias a la superación de retos, los progresos visibles, la mejora de los logros personales, el apoyo de la comunidad y la transferencia de habilidades a otros ámbitos de la vida. Juntos, estos factores pueden conducir a una mayor confianza en las propias capacidades, a una visión más positiva de uno mismo y a una mayor confianza en la consecución de los propios objetivos.

Aumento de la energía mental: ¿qué puede hacer la Calistenia?

Mejora de la concentración: el entrenamiento calisténico requiere una buena concentración para realizar los ejercicios correctamente, controlar la respiración y mantener una forma correcta. Esta atención focalizada requiere un esfuerzo mental que estimula el cerebro e incrementa la capacidad de concentración. Un estudio publicado en la revista "Psychology of Sport and Exercise" demuestra que el entrenamiento físico puede mejorar la concentración y la función cognitiva.

Reducción del estrés: La calistenia puede servir como forma de reducción del estrés. Durante el entrenamiento se liberan endorfinas, las llamadas "hormonas de la felicidad", que ayudan a reducir el estrés y favorecen una sensación general de bienestar psicológico. Además, el entrenamiento físico puede distraer la mente de los pensamientos negativos y favorecer la producción de neurotransmisores como la serotonina, que ayudan a mejorar el estado de ánimo y la energía mental.

Estimulación cognitiva: La calistenia requiere coordinación, memoria y procesamiento de la información que estimulan la actividad cerebral. Por ejemplo, cuando se aprende una nueva secuencia de movimientos o se intenta mejorar la técnica de un ejercicio, se activan distintas zonas del cerebro implicadas en el aprendizaje y el procesamiento de la información. Un estudio publicado en el Journal of Aging and Physical Activity demostró que la actividad física, incluida la calistenia, puede mejorar las funciones cognitivas, como la atención, la memoria y el procesamiento de la información.

Aumento de la resistencia mental: La calistenia requiere compromiso, paciencia y perseverancia para alcanzar los objetivos. Mediante la práctica continua, se desarrolla una mayor resiliencia mental, es decir, la capacidad de hacer frente a las dificultades, superar los obstáculos y levantarse tras una derrota. Esta resiliencia puede trasladarse a otros ámbitos de la vida, lo que permite afrontar los retos diarios con mayor determinación y fortaleza mental.

Sentimiento de realización personal: alcanzar objetivos en Calistenia, como realizar un ejercicio avanzado o mejorar las propias habilidades, conduce a un sentimiento de realización personal. Este sentimiento de éxito y satisfacción aumenta la energía mental, refuerza la motivación y crea un sentimiento de autoestima y confianza en uno mismo.

Por último, la calistenia puede ayudar a aumentar la energía mental mediante el aumento de la concentración, la reducción del estrés, la estimulación cognitiva, el aumento de la capacidad de carga mental y la sensación de realización personal. Estos beneficios pueden mejorar el bienestar mental general, promover una salud mental óptima y mejorar la calidad de vida.

Mejorar el bienestar emocional: veamos qué puede hacer la Calistenia:

Reducción de la ansiedad y el estrés: el ejercicio, incluida la calistenia, es conocido por sus efectos positivos en la reducción de la ansiedad y el estrés. El deporte libera endorfinas, llamadas "hormonas de la felicidad", que mejoran el estado de ánimo y reducen la ansiedad.

Aumento de la autoestima: la calistenia ofrece la oportunidad de alcanzar nuevas metas y superar retos personales. Trabajar constantemente para mejorar las propias capacidades físicas y superar las propias limitaciones puede conducir a un aumento de la autoestima y la confianza en uno mismo. La sensación de realización personal y el progreso en la consecución de objetivos en Calistenia pueden tener un impacto significativo en el bienestar emocional.

Mejora del estado de ánimo: el movimiento se asocia a una mejora del estado de ánimo debido a la liberación de neurotransmisores como las endorfinas y la serotonina, responsables de los sentimientos positivos y el bienestar emocional. Los entrenamientos regulares de Calistenia pueden contribuir a una mejora general del estado de ánimo y a una mayor estabilidad emocional a lo largo del tiempo.

Reducción de los síntomas depresivos: La actividad física, incluida la calistenia, se asocia a una reducción de los síntomas depresivos. Un estudio publicado en el Journal of Clinical Psychology demostró que el ejercicio tiene un efecto antidepresivo significativo y puede utilizarse como parte de un tratamiento contra la depresión. La actividad constante puede transmitir estructura y una sensación de propósito, lo que puede ayudar a mejorar el bienestar emocional general.

Gestión del estrés emocional: La calistenia puede servir como forma de gestión del estrés emocional al proporcionar una oportunidad de distracción y una válvula de escape para las emociones negativas. La atención concentrada que se requiere al realizar los ejercicios puede ayudar a liberar la mente de pensamientos estresantes y a centrarse en el cuerpo y el movimiento. Además, los ejercicios estimulan la producción de endorfinas, que pueden transmitir una sensación de calma y bienestar emocional.

En resumen, la calistenia puede contribuir a mejorar el bienestar emocional reduciendo la ansiedad y el estrés, aumentando la autoestima, mejorando el estado de ánimo, reduciendo los síntomas depresivos y abordando el estrés emocional. Estos beneficios pueden tener un impacto significativo en la salud mental y mejorar la calidad de vida en general.

Controlar los cambios de humor: veamos en detalle cómo la Calistenia puede contribuir a este beneficio:

Regulación del estado de ánimo: Se ha demostrado que el movimiento, incluida la calistenia, tiene efectos positivos en la regulación del estado de ánimo. Durante la actividad física, se liberan neurotransmisores como las endorfinas y la serotonina, que mejoran el estado de ánimo y fomentan el bienestar. Esto puede ser especialmente útil para las personas que sufren trastornos del estado de ánimo, como depresión o trastorno bipolar.

Reducción de los síntomas de ansiedad y depresión: La calistenia puede ayudar a reducir los síntomas de ansiedad y depresión. El ejercicio regular se asocia a una reducción de los síntomas de ansiedad y depresión. Un estudio realizado en la Universidad de Toronto descubrió que el ejercicio puede ser tan eficaz en la depresión moderada como las terapias tradicionales. La calistenia ofrece una forma accesible y asequible de ponerse en movimiento y beneficiarse de sus efectos positivos sobre la salud mental.

Aumento de neurotransmisores positivos: Durante la gimnasia, el cuerpo produce una serie de neurotransmisores que influyen en el estado de ánimo y el bienestar emocional. Un estudio publicado en el Journal of Psychiatric Research muestra que el deporte estimula la producción de neurotransmisores como la dopamina y la noradrenalina, que están asociados con el estado de ánimo positivo y la motivación. Esto puede ayudar a mejorar el estado de ánimo y a hacer frente a los trastornos del humor.

Distracción mental y concentración: cuando se practica la Calistenia, la atención se centra en realizar los ejercicios y mover el cuerpo. Esto puede distraer de las preocupaciones y los pensamientos negativos que pueden favorecer los trastornos del estado de ánimo. Además, el ejercicio requiere concentración mental, lo que crea una especie de "descanso" de la mente y permite deshacerse de los pensamientos estresantes.

Experimentar el éxito y la confianza en uno mismo: la calistenia ofrece la oportunidad de alcanzar nuevas metas y mejorar constantemente las propias capacidades físicas. Estos éxitos personales pueden conducir a experiencias de éxito y reforzar la confianza en uno mismo, lo cual es importante en el tratamiento de los trastornos del estado de ánimo. Progresar en Calistenia y superar los propios límites puede mejorar la autoestima y dar un impulso positivo a la gestión de los trastornos del estado de ánimo.

En resumen, la calistenia puede ser una opción eficaz para el tratamiento de los trastornos del estado de ánimo. Al regular el estado de ánimo, reducir los síntomas de ansiedad y depresión, aumentar los neurotransmisores positivos, la distracción mental y la concentración, así como la sensación de realización y la autoestima, la Calistenia puede ayudar a mejorar el bienestar emocional general y promover una mejor gestión de los trastornos del estado de ánimo.

Propedéutica

La propedéutica - Preparar el cuerpo para el éxito

Los ejercicios propedéuticos desempeñan un papel fundamental en la preparación del cuerpo para ejercicios calisténicos más avanzados. Este capítulo trata de la propedéutica como parte integrante de un programa de entrenamiento. Aprenderás lo importante que es, qué objetivos principales persigue y cómo ponerlos en práctica eficazmente.

Los precursores de la calistenia asumen un papel fundamental en el proceso de entrenamiento, ya que proporcionan una base sólida para la ejecución de ejercicios avanzados y complejos. Hay aquí el significado y los objetivos de los precursores:

Mejora de la técnica: Con la propedéutica de la Calistenia puedes aprender y perfeccionar la técnica correcta de los ejercicios. Se trata de un requisito previo para la ejecución segura y eficaz de los ejercicios avanzados de Calistenia. Adquirir una buena postura, la alineación correcta del cuerpo y el control de los movimientos ayuda a evitar lesiones y a optimizar los resultados.

Desarrollo de la fuerza básica: La propedéutica básica en calistenia tiene como objetivo fortalecer los músculos estabilizadores y los grupos musculares que intervienen en la realización de los ejercicios más complejos. Esto contribuye a estabilizar el cuerpo y a mejorar la fuerza general. Un sólido desarrollo de la fuerza del tronco es importante para sostener y progresar en los ejercicios más exigentes, como las dominadas, las flexiones verticales y las banderas humanas.

Mejorar la movilidad y la flexibilidad: los propedéuticos de la Calistenia suelen incluir ejercicios de movilidad articular y estiramientos que mejoran la amplitud de movimiento de las articulaciones. Una buena movilidad y flexibilidad son esenciales para realizar correctamente los ejercicios de Calistenia y evitar lesiones musculares o articulares.

Desarrollo del equilibrio y la coordinación: muchas de las propedéuticas de Calistenia requieren un buen equilibrio y coordinación para efectuar los ejercicios de forma estable y controlada. El entrenamiento con propedéuticos de Calistenia mejora estas habilidades, que son determinantes para realizar movimientos complejos y soportar el peso del propio cuerpo en diferentes posiciones.

Aumento gradual: la calistenia propedéutica proporciona un aumento gradual desde ejercicios más sencillos a otros más avanzados. Esta progresión permite que el cuerpo se adapte progresivamente a las exigencias de fuerza, control y coordinación de los movimientos. Es importante crear una base sólida mediante la propedéutica antes de pasar a ejercicios más complejos, de lo contrario se corre el riesgo de lesionarse o de realizar los ejercicios de forma ineficaz.
En resumen, la propedéutica calisténica es fundamental para adquirir las habilidades necesarias para realizar ejercicios avanzados de forma correcta y segura. La realización regular de propedéutica ayuda a mejorar la técnica, desarrollar la fuerza central, mejorar la movilidad, el equilibrio y la coordinación, y facilita una transición gradual a ejercicios más exigentes.

Veamos más de cerca cómo estos objetivos ayudan a prevenir lesiones y a corregir desequilibrios.
Los propedéuticos calisténicos son especialmente útiles para evitar lesiones, corregir desequilibrios musculares y preparar el cuerpo para ejercicios más exigentes. Descubre aquí cómo realizan estas tareas:

Prevención de lesiones:

Mejorar la técnica: Como hemos visto, el énfasis de la propedéutica calisténica está en aprender la técnica correcta para realizar los ejercicios. Una técnica adecuada reduce el riesgo de lesiones al prestar atención a la alineación del cuerpo, la distribución del peso y el control del movimiento.

Fortalecimiento de los músculos estabilizadores: a menudo implica ejercicios para fortalecer los músculos estabilizadores, que son los responsables de mantener el equilibrio y la postura correcta mientras se realizan los ejercicios. Unos músculos estabilizadores fuertes ayudan a evitar lesiones debidas a desequilibrios musculares o compensaciones no deseadas.

Mejora de la flexibilidad y la movilidad: incluye ejercicios de flexibilidad articular y estiramientos que mejoran la flexibilidad muscular y la movilidad articular. Una excelente amplitud de movimiento reduce el riesgo de lesiones musculares o articulares al realizar ejercicios de calistenia.

Corrección de los desequilibrios musculares:

Trabajo específico de grupos musculares: los ejercicios de calistenia pueden diseñarse para centrarse en grupos musculares que suelen estar descuidados o poco desarrollados. Por ejemplo, si se detecta un desequilibrio entre la fuerza de las extremidades superiores e inferiores, pueden realizarse ejercicios específicos para reforzar la zona más débil y restablecer el equilibrio.

Fortalecimiento de músculos desatendidos: la propedéutica a menudo puede hacer hincapié en grupos musculares desatendidos o poco desarrollados, como los músculos del tronco, los músculos estabilizadores de los hombros o los glúteos. Esto contribuye a corregir los desequilibrios musculares y a mejorar la simetría y la función muscular general.

Preparación para ejercicios más exigentes:

Construir una base sólida: los propedéuticos ofrecen una progresión gradual para construir una base sólida de fuerza, control y técnica. Esta base prepara al cuerpo para ejercicios más exigentes de forma segura y eficaz.

Desarrollo de habilidades básicas: La propedéutica calisténica sirve para mejorar la fuerza, la coordinación, el equilibrio y la flexibilidad básicos. Estas habilidades básicas son esenciales para mantener el peso corporal y realizar ejercicios de calistenia más avanzados, como dominadas, flexiones o banderas humanas.

Repasemos algunos propedéuticos tradicionales:

Propedéutica para las dominadas: antes de aventurarse a realizar dominadas completas, es conveniente empezar con ejercicios de dominadas con apoyo o negativas, utilizando una silla o una barra inferior para reducir el peso corporal.

De este modo, desarrollarás gradualmente la fuerza necesaria para realizar dominadas completas.

Propedéutica de las flexiones: en las flexiones, puedes practicar variaciones más sencillas, como flexiones con apoyo en las rodillas o flexiones con apoyo de las manos en un asa elevada. Estos ejercicios ayudan a desarrollar la fuerza necesaria de pecho, hombros y tríceps para las flexiones tradicionales.

Propedéutica de las estocadas: las estocadas con apoyo son una buena forma de empezar. Con la ayuda de una silla o un banco, puedes reducir tu peso corporal y acercarte gradualmente a las estocadas completas. Además, las estocadas estáticas, que mantienen una posición de rodilla doblada durante unos segundos, son útiles para mejorar la estabilidad y la fuerza de las piernas.

Ejercicios abdominales: para fortalecer los músculos abdominales, puedes realizar ejercicios como Cat Lunges, Reverse Crunches o Floor Crunches. Con estos ejercicios podrás estabilizar el tronco y prepararlo para ejercicios más avanzados como los Crunches V-Sit o las Dragon Flags.

Propedéutica para el split: antes de intentar un split completo, puedes efectuar ejercicios para mejorar la movilidad de las piernas, como estocadas largas o estocadas parciales. La mejora progresiva de la movilidad de la cadera y de las piernas es esencial para la realización correcta y segura del split.

Preparación para la bandera humana: la bandera humana requiere una gran fuerza abdominal y de hombros. Como preparación, se pueden realizar ejercicios como planchas laterales, giros de tronco y estocadas laterales para mejorar la estabilidad lateral del cuerpo.

Propedéutica de las planchas: las planchas requieren un alto nivel de fuerza en los hombros y el tronco. Antes de aventurarse en una plancha completa, se pueden poner en práctica ejercicios como las planchas avanzadas, inclinadas o apoyadas con la ayuda de un banco o de barras paralelas.
Los propedéuticos calisténicos son esenciales para desarrollar una base sólida de fuerza, agilidad y control corporal. No dejes de incorporarlos a tu programa de entrenamiento para prepararte mejor para ejercicios más avanzados. Recuerda siempre realizar los ejercicios correctamente y escuchar las señales de tu cuerpo para evitar lesiones

Frecuencia y duración de las sesiones preparatorias

La frecuencia y la duración de las sesiones propedéuticas de Calistenia pueden variar en función de tus necesidades, de tu nivel de forma física actual y de los objetivos que desees alcanzar. A continuación se indican algunos puntos a tener en cuenta a la hora de planificar la frecuencia y la duración de las sesiones propedéuticas.

Frecuencia de las sesiones:

Para principiantes: Si eres nuevo puedes empezar con 2-3 sesiones a la semana, dedicadas exclusivamente a la propedéutica. Así tendrás tiempo suficiente para aprender los ejercicios y realizarlos correctamente sin sobrecargar tu cuerpo.

Para expertos y profesionales: una vez que domines la técnica básica, puedes aumentar la frecuencia de las sesiones a 3-4 veces por semana o incluso más si tu cuerpo está suficientemente descansado y preparado para el entrenamiento. Sin embargo, recuerda equilibrar la frecuencia con la recuperación, ya que el entrenamiento y el esfuerzo pueden resultar agotadores para el sistema muscular y nervioso.

Duración de las reuniones:

La duración de una sesión de propedéutica calisténica puede variar de 15 a 45 minutos en función de la complejidad de los ejercicios, el número de ejercicios que se realicen y el tiempo de descanso entre series. Empieza con unidades más cortas, sobre todo si eres principiante, y aumenta gradualmente la duración a medida que vayas ganando fuerza y resistencia.

Asegúrate de disponer de tiempo suficiente para realizar correctamente los ejercicios preparatorios y concéntrate en la técnica correcta y el control de los movimientos. Evita las prisas sólo para cubrir un tiempo determinado. Es mejor emplear menos tiempo con una calidad de ejecución correcta que realizar varios ejercicios de forma incorrecta.

Si dispones de poco tiempo, puedes centrarte en los ejercicios preparatorios más importantes para tus objetivos o concentrarte en una determinada zona del cuerpo en cada sesión.

Es importante tener en cuenta que la frecuencia y la duración de las sesiones de entrenamiento pueden ser subjetivas y depender de tus capacidades individuales, del tiempo de recuperación y de los objetivos que quieras alcanzar. Lo más importante es encontrar un equilibrio entre trabajo y descanso para que tu cuerpo tenga tiempo de adaptarse y recuperarse del entrenamiento.

Si todavía tienes dudas o incertidumbres, aquí tienes algunos consejos para planificar sesiones de entrenamiento que incluyan calistenia propedéutica:

Comienza con un entrenamiento de calentamiento general: antes de empezar con la Calistenia, debes realizar un breve entrenamiento de calentamiento general para elevar la temperatura corporal y preparar los músculos para el entrenamiento. Puedes hacer footing durante unos minutos, saltar a la comba o realizar ejercicios de calentamiento dinámico como movimientos de brazos y piernas.

Tómate tu tiempo para la propedéutica calisténica durante la sesión de entrenamiento. Así podrás concentrarte en la correcta ejecución de los ejercicios y obtener el máximo beneficio.

Organiza tu entrenamiento propedéutico en función de tus objetivos: si persigues objetivos específicos, como mejorar la movilidad articular o desarrollar la fuerza del tronco, debes alinear tus ejercicios propedéuticos con estos objetivos. Por ejemplo, si quieres mejorar la movilidad de los hombros, puedes empezar con ejercicios de movilización de los hombros, como rotaciones con bastones o bandas elásticas.

Alterna entre distintos grupos musculares: Para evitar fatigar en exceso un grupo muscular concreto, alterna entre distintos grupos musculares durante la fase preparatoria. Por ejemplo, puedes empezar con ejercicios para la movilidad de los hombros, luego pasar a ejercicios para el centro del cuerpo y, por último, realizar ejercicios para las extremidades inferiores.

Aumentos graduales: elije ejercicios preparatorios que correspondan a tu nivel de forma física actual y aumenta gradualmente el nivel de dificultad. Así crearás una base sólida y evitarás lesiones.

Descansos adecuados: asegúrate de hacer los descansos adecuados entre las series de ejercicios preparatorios. Así podrás recuperarte y prepararte para el siguiente entrenamiento.

Coordinación con los ejercicios principales: intenta coordinar los ejercicios propedéuticos con los ejercicios de entrenamiento principales. Por ejemplo, si tu objetivo principal son las dominadas, puedes empezar con ejercicios preparatorios para la fuerza de agarre y los músculos de la espalda antes de pasar a las dominadas propiamente dichas.

Controla tus progresos: realiza un seguimiento de tus progresos en Calistenia. Registra el tiempo bajo tensión, el número de repeticiones u otras métricas relevantes para evaluar tu progreso a lo largo del tiempo. Así podrás adaptar tu entrenamiento a tus resultados.

Plan propedéutico

Aquí encontrarás un posible programa de entrenamiento con Calistenia Propedéutica que te ayudará a desarrollar la fuerza y la resistencia que necesitas para realizar los ejercicios avanzados. Recuerda que es importante adaptar el programa a tus capacidades y progresos personales. Antes de iniciar un programa de entrenamiento, siempre debes pedir consejo a un profesional del fitness que te evalúe personalmente.

Día 1: entrenamiento corporal libre

Calentamiento: 10-15 minutos de entrenamiento de resistencia ligera (correr, saltar a la cuerda, etc.), seguido de ejercicios de movilidad articular.

Sentadillas: 3-4 series de 8-10 repeticiones. Puedes empezar con la sentadilla clásica, manteniendo una buena técnica y profundidad, y aumentar gradualmente la intensidad realizando variaciones más avanzadas como la pistol squat (sentadilla con una sola pierna).

Flexiones: 3-4 series con 8-10 repeticiones. Empieza con las flexiones clásicas, en las que adoptas la postura correcta y controlas los movimientos. A medida que aumentes tu fuerza, puedes pasar gradualmente a variaciones más avanzadas, como las flexiones en diamante o las flexiones con un brazo.

Dominadas con barra: 3-4 series con 8-10 repeticiones. Si aún no eres capaz de hacer dominadas completas, puedes utilizar una goma elástica o una silla para apoyar el movimiento e ir reduciéndolo gradualmente.

Estocadas: 3-4 series con 8-10 repeticiones por pierna. Empieza con estocadas clásicas y pasa a variaciones más avanzadas con fuerza creciente, como estocadas con parada estática de 3 segundos o estocadas con salto.

Planchas: 3 series durante 30-60 segundos. Presta atención a la postura correcta y activa todos los músculos estabilizadores del tronco durante el ejercicio.

Día 2: Formación con ayuda de herramientas

Calentamiento: 10-15 minutos de entrenamiento de resistencia ligera seguido de ejercicios de movilidad articular.

Sentadilla explosiva: desde la posición de pie realiza 10 repeticiones de sentadilla explosiva con salto

Plancha: 1 minuto por 3 series

Flexiones en silla: 3-4 series con 8-10 repeticiones. Utiliza una silla o unas barras paralelas para realizar los fondos, centrándote en la activación de los tríceps y los pectorales.

Flexiones en barra: 3-4 series con 8-10 repeticiones. Emplea una barra horizontal o bandas elásticas para realizar dominadas y entrenar la espalda y los brazos.

Flexiones en barras paralelas: 3-4 series de 8-10 repeticiones. Realiza las flexiones en barras paralelas para permitir una mayor amplitud de movimiento y forzar más los músculos estabilizadores.

Banderas asistidas: 3-4 series con 8-10 repeticiones. Utiliza una barra horizontal o un soporte para realizar banderas de dragón asistidas, entrenando así tu fuerza abdominal.

Este es sólo un ejemplo de un programa de entrenamiento con Calistenia Propädeutika. Recuerda personalizar el programa en función de tus capacidades y progresos personales. También presta atención a una nutrición adecuada, suficientes periodos de descanso y escucha a tu cuerpo durante el entrenamiento, ¡diviértete mientras entrenas!

El futuro de la técnica calisténica

La calistenia está experimentando un gran crecimiento y desarrollo, y el futuro de este deporte parece muy prometedor. Una de las tendencias más notables es el auge de la comunidad de Calistenia, que atrae cada vez a más personas en todo el mundo. Gracias a las redes sociales, los foros en línea y las plataformas de vídeo, los aficionados a la calistenia pueden compartir sus experiencias, entrenamientos, progresos y consejos. Este intercambio de conocimientos y apoyo es crucial para el desarrollo de la disciplina, ya que ofrece la oportunidad de aprender, inspirarse y desarrollar nuevas técnicas de otros atletas.

Un ejemplo de cómo las redes sociales han influido en la comunidad de la calistenia es el uso de Instagram. Esta plataforma se ha convertido en un centro para muchos atletas de calistenia que comparten vídeos de ejercicios avanzados, instrucciones y motivación. El intercambio virtual tiene un impacto real en la comunidad y hace que cada vez más personas prueben la calistenia y se unan a los grupos de entrenamiento locales.

Además del crecimiento de la comunidad, otra tendencia que podemos observar en el futuro de la Calistenia es el uso de la tecnología. Las aplicaciones móviles y los dispositivos portátiles pueden ayudar a los deportistas a controlar y gestionar sus entrenamientos, registrar sus progresos y recibir comentarios sobre la técnica de entrenamiento. Estas herramientas pueden ser útiles a la hora de establecer objetivos específicos, seguir programas de entrenamiento personalizados y medir los resultados a lo largo del tiempo. Por ejemplo, una aplicación puede proporcionar instrucciones detalladas sobre cómo realizar correctamente un ejercicio, consejos sobre la postura y la alineación del cuerpo, y realizar un seguimiento del número de repeticiones y series completadas.

Las competiciones de calistenia son cada vez más populares en todo el mundo y constituyen otra tendencia importante en el futuro de esta disciplina. Estas competiciones ponen a prueba la fuerza, la agilidad y la creatividad de los atletas, que compiten con movimientos espectaculares y coreografías únicas. Las competiciones de calistenia pueden clasificarse en diferentes categorías, como estilo libre, estático y dinámico, y son juzgadas por jueces expertos que evalúan los movimientos según criterios predeterminados. Estas competiciones ofrecen a los atletas la oportunidad de mostrar sus habilidades, inspirar a otros y encender su pasión por la Calistenia.

En el futuro, también podría haber avances en los aparatos específicos para calistenia. Barras, paralelas, anillas y bandas elásticas son algunos de los equipos más comunes en este deporte, pero podrían nacer nuevas versiones de estos aparatos que brinden más opciones de ajuste, estabilidad y seguridad. Por ejemplo, podrían desarrollarse barras con diferentes ajustes de altura para adaptarse a determinados ejercicios o bandas elásticas con resistencia variable para controlar mejor el nivel de carga.

Otra consideración importante para el futuro de la calistenia se refiere a la integración con otras disciplinas del fitness. La calistenia podría seguir fusionándose con otras disciplinas como el parkour, la acrobacia de estilo libre o el baile callejero. Esta integración permite crear nuevas formas de entrenamiento que combinan fuerza, agilidad y elegancia de movimientos. Por ejemplo, la acrobacia puede enriquecer la calistenia con movimientos aéreos y acrobáticos, mientras que el parkour puede añadir elementos como la agilidad y la fluidez de movimientos. Esta sinergia con otras disciplinas abre nuevas oportunidades para la expresión artística y creativa de la Calistenia.

Por último, con el creciente interés por la calistenia, la investigación científica sobre esta disciplina también puede cobrar mayor importancia. Los estudios científicos pueden contribuir a comprender mejor los efectos fisiológicos del entrenamiento calisténico en el cuerpo humano y a encontrar formas de optimizar el entrenamiento y evitar lesiones. Por ejemplo, podría estudiarse la eficacia de diversos protocolos de entrenamiento calisténico para mejorar la fuerza, la resistencia muscular o la flexibilidad. Estos estudios científicos pueden constituir una base sólida para las prácticas de entrenamiento y ayudar a los deportistas a alcanzar todo su potencial.

En resumen, el futuro de la calistenia parece prometedor, con una comunidad en constante crecimiento, el uso de la tecnología, competiciones emocionantes, el desarrollo de dispositivos especiales, la integración con otras disciplinas y una mayor investigación científica. Estos avances contribuirán a que la calistenia sea aún más accesible, interesante y eficaz para personas de todos los niveles y objetivos de forma física. ¿Y tú qué opinas? ¡Es hora de empezar!

Made in the USA
Columbia, SC
01 June 2025